Durchs Vogtland und über das Erzgebirge

Eine Fernwanderung – Teil 2

N

Dresden

Děčín

Ústí nad Labem

Freiberg

Ústecký kraj (Region Ústí)

Altenberg

Rechenberg-Bienenmühle

Neuhausen/Erzgeb.

Kurort Seiffen/Erzgeb.

Olbern-hau

Stoßer-felsen

Most

Chemnitz

Marienberg

Hirtstein

Johstadt

Erzgebirge (Krušné hory)

Sachsen

Bärenstein

Fichtelberg 1215 m

Oberwiesenthal

Klínovec (Keilberg) 1244 m

Boží Dar

Černá

Annaberg-Buchholz

Zwickau

Johann-georgenstadt

Potůčky

Karlovy Vary

Karlovarský kraj (Region Karlsbad)

Morgenröthe

Schöneck Vogtl.

Česká republika

Bad Elster

Eichigt

Vogtland

Plauen

Gera

Deutschland

Thüringen

Gutenfürst

Burgstein

Tiefenbrunn

Rehau

Hof

Bayern

Blankenstein (Saale)

Hirschberg

Route Saale - Vogtland - Erzgebirge
17.-29. September 2011
ca. 300 km in 13 Etappen

● Etappenziele

★ *Die zwei höchsten Erzgebirgsgipfel*

- - - Staatsgrenze D - CZ

© **2013** Dr. Florian Genrich

Florian Genrich

Durchs Vogtland und über das Erzgebirge

Eine Fernwanderung – Teil 2

13 Tage, 300 Kilometer:
Von Blankenstein (Saale) durchs Vogtland
und über das Erzgebirge bis nach Altenberg.

–

Obere Saale
Vogtland
Erzgebirge (Krušné hory)

Florian Genrich

»Durchs Vogtland und über das Erzgebirge«

Eine Fernwanderung – Teil 2

© **2013** Dr. Florian Genrich, Holzminden

wandern@florian-genrich.de

www.fernwanderung.eu

Herstellung und Verlag: B o D - Books on Demand, Norderstedt

2 Auflage: März **2017**

ISBN 978-3-7322-5040-0

Bibliografische Information der Deutschen Nationalbibliothek

Die Deutsche Nationalbibliothek verzeichnet diese Publikation in der Deutschen Nationalbibliografie; detaillierte bibliografische Daten sind im Internet über http://dnb.d-nb.de abrufbar.

Autor: Dr. Florian Genrich, Holzminden

Textverarbeitung mit OpenOffice.org

Fotos, Gestaltung und alle weiteren Inhalte: Dr. Florian Genrich, Holzminden; einzeln mit (MT) gekennzeichnete Fotos: Mario Thiel, Dingolfing

Umschlagbild: *Klínovec* und *Fichtelberg*, aufgenommen in Bärenstein/Erzgebirge

Umschlagtext hinten: Dr. Kai Gurski, Bad Salzdetfurth

Lektorat: Dr. Kai Gurski und Birgitt Müller-Genrich, Bad Salzdetfurth

Weitere Bücher von Florian Genrich:

• Vom Harz über den Thüringer Wald, *Eine Fernwanderung - Teil 1*, **2009**, BoD Norderstedt, ISBN 978-3-8391-0867-3.

• Wandern auf dem Kaiserweg Harz, *Harzwandern 1: Eine Harzquerung*, **2007**, BoD Norderstedt, ISBN 978-3-8370-4695-3.

• Der Harz zu Fuß, *Harzwandern 2: Die Tagestouren*, **2008**, BoD Norderstedt, ISBN 978-3-8370-5790-4.

• Wandern im Harz, *Der offizielle Wanderführer des Harzklubs*, **2009** u. **2012**, Schmidt-Buch-Verlag Wernigerode, ISBN 978-3-936185-58-4.

www.florian-genrich.de

Inhalt

Prolog

Am 1. September 2008 hatte ich in Clausthal-Zellerfeld im Harz den Fuß vor die Tür gesetzt. Es war der erste Schritt einer Fußreise gewesen, deren Ausmaßes ich mir damals noch nicht bewusst war. Aus den Oberharzer Höhen hatte ich mich in den südlichen Vorharz begeben und war durch das Eichsfeld bis zur *Werra* gewandert. Von der *Werra* ging es auf dem *Rennsteig* über den Thüringer Wald hinweg ins Thüringer Schiefergebirge, von dort in den Frankenwald und endete 12 Tage bzw. 350 km später in Blankenstein, wo die *Selbitz* in die *Saale* mündet. Diese erste Septemberhälfte im Jahr 2008 war prächtig gewesen, und irgendwie war mir dann klar, dass dies nicht das Ende gewesen sein konnte. So sah es auch Mario aus Greiz, den ich auf dem *Rennsteig* kennengelernt und gemeinsam mit ihm die letzten Etappen bestritten hatte. Sein Plan, den Wanderweg *Eisenach – Budapest* (*EB*) zu bestreiten, bestand von Anfang an. Meine Fußreise entwickelt sich hingegen so nach und nach. Als nahtlose Fortsetzung zu *Vom Harz über den Thüringer Wald* stand nun erst einmal der Weg über das Erzgebirge im Raum.

Doch erst drei Jahre später sollte es Wirklichkeit werden. Mario war beruflich bedingt von Thüringen nach Bayern gezogen. Die chemische Seidenfabrik in seiner Heimat gibt es nicht mehr. Dafür fährt er jetzt den Stapler in der Dingolfinger Automobilindustrie. Mich hingegen hat es nach der Promotion im Harz, mit der Arbeit an die *Weser* nach Holzminden und somit auch in den Solling im Weserbergland verschlagen. Meinem Bundesland bin ich als Niedersachse treu geblieben und wohne jetzt unweit des Dreiländerecks Niedersachsen – Nordrhein-Westfalen – Hessen.

Dass Mario und ich den nächsten Abschnitt unserer beider Fußreisen gemeinsam bestreiten wollten, hatte sich dann irgendwie so ergeben. Strikt der vorgegebenen Route des *EB* und seinen diversen Schlaufen zu folgen, hatte Mario schon von Beginn an nicht im Sinne gehabt. So ersann ich einen Plan für mich, in der Annahme, er würde sich schon anschließen und erwarb zunächst das im Frühjahr 2011 erhältliche Kartenmaterial:

1 *Hof · Münchberg · Naila · Rehau · Selb · Aš, Naturpark Frankenwald, östl. Teil*, UK 50-5, amtl. Umgebungskarte 1:50.000, Landesamt für Vermessung und Geoinformation Bayern **2007**, ISBN 3-86038-442-2.

2 *Naturpark Erzgebirge/Vogtland Blatt 1*, Topographische Karte 1:50.000, Ausgabe mit Rad- und Reitwegen sowie Fernwanderwegen, Landesvermessungsamt Sachsen **2007**, ISBN 978-3-89679-392-8.

3 *Naturpark Erzgebirge/Vogtland Blatt 2*, Topographische Karte 1:50.000, Ausgabe mit Rad- und Reitwegen sowie Fernwanderwegen, Landesvermessungsamt Sachsen **2006**, ISBN 3-89679-393-4.

4 *Naturpark Erzgebirge/Vogtland Blatt 3*, Topographische Karte 1:50.000, Ausgabe mit Rad- und Reitwegen sowie Fernwanderwegen, Landesvermessungsamt Sachsen **2006**, ISBN 3-89679-394-2.

Ein historischer Erzgebirgskammweg war in den Karten ersichtlich, wenn auch nicht ganz durchgängig. *Wanderbares-Deutschland.de* informierte mich, dass es eine neue Route gäbe, gerade erst neu beschildert und somit seit Ende 2010 als offizieller *Qualitätsweg* zertifiziert – das will schon was heißen. So entschied ich mich für letzteren Weg, den *Kammweg Erzgebirge-Vogtland*, für den es jedoch noch kein Kartenmaterial gab, das den genauen Routenverlauf abgebildet hätte. Aber auch der technische Fortschritt war nicht spurlos an mir vorüber gezogen, hatte ich mir doch kürzlich, nach längerem Zögern, ein GPS-Gerät zugelegt. Die Tracks konnte ich also schonmal herunterladen und übertrug sie dann grob von Hand in mein vorhandenes Papierkartenwerk. So stand der Plan, und Realität wurde er schließlich in der zweiten Septemberhälfte 2011. Mit dem *Hamburg Marathon* im Mai und der erst Anfang September bestrittenen Bergstrecke des Ilsenburger *Brockenlaufs* hatte ich bereits eine für mich persönlich sehr erfolgreiche Laufsaison hinter mir. Über 1000 km hatte ich bisher laufend in diesem Kalenderjahr zurückgelegt. 2007 und 2008 hingegen, zwei Jahre in Folge waren es jeweils über 1000 erwanderte Kilometer gewesen. Das war mir seither allerdings nicht wieder gelungen. 2009 zählte ich nur noch rund 430 und 2010 klägliche 180 Gesamtjahreskilometer. Das konnte so nicht weitergehen. Hier abermals den 1000er zu knacken, würde mir zwar auch in diesem Jahr nicht gelingen, aber es war vorerst an der Zeit, die Laufklamotten an den Nagel zu hängen. Den Ende 2010 erworbenen neuen Stiefeln konnte ich es nicht weiter zumuten, nur Tagestouren zu bestreiten. Eine Fernstrecke musste ran. Ein Wochenende bevor es dann endlich losgehen sollte, machte ich in meinem Heimrevier, dem Harz, noch eine 11 km Bergtour zur Probe. Samt Gepäck wanderten wir durchs *Okertal*, wobei ich mir auf der *Kästeklippe* bei sonnigem Wetter schon einmal die fragenden Blicke der Anwesenden gefallen lassen musste: „Haben Sie da einen Fallschirm hinten drin?" „Haben Sie eine Einbauküche dabei?" „Da kann ja hinten einer drin schlafen." – Ich muss schon zugeben, dass das Rucksackungetüm, besonders auch durch das tellerförmige Sekundenzelt und die umspannende Regenhülle, recht monströs wirkte. Die Probetour war also von Erfolg gekrönt, und einen Kaffee hatte ich meinen gepäcklosen Begleitern auch kochen können.

Ein paar Tage vor dem Start teilte mir Mario mit, er hätte eine Wanderkarte zum *Kammweg Erzgebirge-Vogtland* entdeckt. Jedoch erwarb er sie nicht und überließ die Kartenarbeit mir. So kurzfristig war sie dann für mich aber nicht mehr erhältlich. Eine im Vergleich zu meinen vier Landesvermessungsamtskarten günstige und gewichtssparende Variante wäre sie gewesen: *Kammweg Erzgebirge – Vogtland*, Wanderkarte 1:25.000, wetterfest, PUBLICPRESS **2011**, ISBN 978-3899206586. Nur dass sie eben erst Ende April erschienen ist und nicht im März, als ich meine Planung begann. Hätte, wäre, könnte! Egal! Ich gab mich mit meinen umso detailreicheren Landesvermessungsamtskarten zufrieden und ein GPS hatte ich ja auch; was konnte da noch schiefgehen?

Diesmal habe ich sogar noch mehr Utensil dabei als 2008, bin besser gerüstet und habe es trotzdem geschafft, die Masse annähernd konstant bei etwa 20 kg zu halten. Diesmal bin ich jedoch auch für kälteres Wetter gewappnet – man weiß ja nie – und ein Zelt ist auch dabei.

65+10 L *Deuter* Wanderrucksack inklusive...

- Rucksackregenhülle XL

- Zweiter Klamottensatz: Hose, Fleecejacke, Fleeceweste, dünner Fleece mit Kragen

- Baumwollshirt, Funktionsshirt

- Handschuhe, Mütze, Kappe, Fleecehalswärmer

- drei enge Boxer

- zweimal *Falke TK1-*, einmal Woll-, einmal dünnere Wandersocken

- Butangaskocher mit zwei Kartuschen

- Alutopf mit Deckel und abnehmbarem Griff

- Feuerzeug, Streichhölzer

- Kartenmaterial, Tagebuch, Kuli, Kompass, Kartometer

- Kleine LED-*MagLite*

- gr. Messer, Outdoorbesteck, dünnes Brettchen, Becher

- 1,2 kg Schlafsack + Minikopfkissen, *Thermarest*-Isomatte

- 2,4 kg *Quechua*-Einmann-Sekundenzelt

- Badelatschen, Minisitzmatte

- *GoreTex*-Regenjacke, Regenhose

- Ersatzbatterien passend für GPS und Taschenlampe

- GPS *Garmin Dakota 20* mit Tasche

- Fotokamera *Canon PowerShot SX200IS* mit Tasche und Akkuladegerät

- Mobiltelefon mit Ladegerät

- Minischweißhandtuch am Karabiner, schnelltrocknendes Funktionshandtuch

- Verbandpäckchen mit Pflastern, Verbandmaterial, *Voltaren*, *Betaisodona*, Schmerztabletten, Nagelschere

- das Wichtigste aus dem Kulturbeutel

- *Autan* gegen Zecken, *Scholl Hirschtalg Extreme* Salbe, Waschmittel, Schuhwachsdose in einem alten Socken

- kl. Rolle Plastikbeutel, viele Taschentücher

- Verpflegung, u.a. Instantkaffee, Kekse, Müsliriegel, Schokolade, Brot, harte Mettwurst, Brausetabletten

- Zweimal 1 L Metallflasche mit Wasser

Erster Satz Klamotten am Körper, u.a.

- *Meindl Engadin* Lederwanderstiefel Kategorie *B/C*
- Cargohose, Gürtel
- Funktionsshirt, Funktionshemd
- aktuelle Wanderkarte in Plastikhülle
- Portemonnaie

Je nach Beladung mit Getränken und Proviant summiert sich die Masse des Rucksacks auf 18 bis 21 kg. Abgesehen von den Handschuhen und dem Halswärmer ist mir an dieser Liste nichts aufgefallen, was ich nicht gebraucht hätte.

Etappe 1: Blankenstein (Saale) – Hirschberg

Sonnabend, 17. September 2011

SOK → HO → SOK

Saale-Orla-Kreis → Landkreis Hof → Saale-Orla-Kreis

Thüringen und Bayern (Oberfranken)

Die Strecke: Blankenstein (Saale) → Blankenberg → Pottiga → Rudolphstein → Sparnberg → unter der A9 hindurch → Hirschberg → *Steinmühlenwehr* → Waldgebiet an der *Sächsischen Saale*.

Distanz: 18 km (Anstiege 640 m, Abstiege 610 m)

Höhe über NN: Höchster Punkt 533 m, tiefster Punkt 416 m

Unterwegs: 14:15 – 19:15 Uhr, 5 h

Die Stiefel sind geschnürt. Um 7:04 Uhr fährt mein Zug. Nena bringt mich zum Holzmindener Bahnhof. Auf der Straße liegen Kastanien. Nena liest eine vom Boden auf, packt sie aus und gibt sie mir. Ich stecke sie in die Hosentasche und werde sie über das Erzgebirge tragen. Abschied!

Die *Nordwestbahn* bringt mich nach Altenbeken, ich steige in den *ICE* nach Erfurt. Mit dem großen Rucksack passe ich kaum durch den Gang. Aber irgendwie geht es dann doch. Erfurt – Saalfeld, wir kommen der Sache näher. Eine Stunde Aufenthalt, dann ist es soweit. Mit der *Regionalbahn* nach Blankenstein (Saale), Ende des *Rennsteigs*, Anfang des *Kammwegs Erzgebirge-Vogtland*. Blankenstein, das *Drehkreuz des Wanderns*, habe ich einmal gelesen. Um 14:15 Uhr stehe ich mit meinem Koloss von Rucksack zum Abmarsch bereit.

Vom Bahnhof hinunter zur *Selbitz*-Mündung. Ich stehe am Ende des *Rennsteigs*. Es sieht alles noch genauso aus wie vor drei Jahren. Obwohl? Nein die vielen Stiefel hängen nicht mehr als

Siegestrophäe am Wegweiser. Und der Supermarkt, war der letztes Mal auch schon hier gewesen?

Attacke!

850 Einwohner zählt die thüringische Gemeinde Blankenstein heute, auf 450 m ü.NN im Saale-Orla-Kreis gelegen. Die Bevölkerungsentwicklung ist seit 1997 – von damals weit über 1000 Einwohnern – kontinuierlich fallend. Viel mehr waren es jedoch auch zuvor nie gewesen. Eine Kirche gibt es nicht. Die Wanderwege scheinen fast die größte Rolle zu spielen, zumal sich die Verwaltungsgemeinschaft *Saale-Rennsteig* nennt und die Internetpräsenz den Namen *Blankenstein am Rennsteig* verkündet. Vor drei Jahren feierte die Ortschaft ihr 750-jähriges Bestehen, deren Anfänge eng mit dem Rittergut Blankenstein verwoben sind. Eine erste urkundliche Erwähnung gab es jedoch erst vor knapp 600 Jahren, nämlich 1392.

Die *Selbitz* kurz vor der Mündung in die *Saale*. Blick von der *Selbitzbrücke* in Blankenstein: Ende des *Rennsteigs*, Beginn des *Kammwegs Erzgebirge-Vogtland*.

Ich habe Mario am Telefon. Er muss heute kurzfristig doch noch arbeiten. Wir verabreden uns für morgen in Gutenfürst und ich widme mich vorerst der guten alten Einzelkämpferdisziplin. Mein Augenmerk gilt dem Weiß-blau-weiß des *Kammwegs Erzgebirge-Vogtland*, dem – wie ich finde – gleich zu Beginn ein eindeutiger Richtungsweiser fehlt. Lediglich kleine Aufkleber deuten mir hier und da den Weg. Die Autobrücke führt mich über die *Saale* hinweg. Schnell wird mir so warm, dass ich mich des Hemdes entledigen muss. Erstmal reinkommen. Ein Anstieg hinauf zu den Felsen. Der Blick fällt auf die *Saale* und auf Blankenstein, dessen Stadtbild neben der schönen Flusslandschaft eindeutig von der großen dampfenden Papierfabrik dominiert wird. Am Wegesrand wachsen blaue Schlehenbüsche. Es ist schwül und beginnt zu

Blaue Schlehen am Wegesrand

Kirche von Blankenberg

tröpfeln. Doch schon bald kommt die Sonne wieder hervor. In Blankenberg passiere ich ein trostlos verrammeltes Filmtheater, das einst bessere Zeiten erahnen lässt. Vor der mächtigen steinernen Kirche führt mich der *Kammweg* rechts ab, obwohl das irgendwie nicht sein kann. Über einen Spielplatz hinweg, soll ich noch den *Hochzeitskorb* besichtigen; ein weiterer Blick über Blankenstein, der allerdings nicht sonderlich anders ist, als die Blicke, die ich schon zuvor ergattert habe. Ich muss wieder zurück zur Kirche und daran vorbei weiter durch den Ort. Hinunter geht es bis nach Pottiga. In dem kleinen Nest findet gerade ein Feuerwehrfest statt. Das Festzelt reicht von einer Seite der schmalen Straße bis zur Anderen. Ich zwänge mich mitten hindurch auf den Dorfplatz. Ein Bier wäre jetzt zwar nicht schlecht, aber ich habe keine Lust auf den Trubel, werde ich doch eh schon wieder neugierig beäugt.

Hinunter ins Tal. Die Füße brennen. Schon nach sieben Kilometern habe ich mir die beiden Knöchel vom großen Zeh aufgescheuert. Die glatten und vielleicht doch zu günstigen Wandersocken sind schuld. Auf einer Bank am See begutachte ich den Salat. Pflaster drauf. Die Socken schmeiße ich an Ort und Stelle in den Mülleimer. Weiter!

14

Diese Plattenwege! Am Wald entlang passiere ich ein Wildgehege mit prächtigen Hirschen und gelange später an die *Saalbachquelle.* Ein gebogenes Edelstahlrohr ragt aus dem Boden. Das Schild attestiert eine hervorragende Wasserqualität. Ich freue mich über die Gelegenheit zum Nachfüllen. Schnell ist der letzte Vorrat ausgetrunken und wieder aufgefüllt. Igitt! Was ist das denn? Stinkt wie Gartenteich ganz unten. Dieser Schwefel! Weg mit dem Moder. Pech gehabt.

Über die Brücke und nach Rudolphstein. Unbemerkt dringe ich nach Bayern in den Kreis Hof vor. Entlang der Straße stehe ich vor dem *Kellerhaus.* Alles steht offen. Niemand da? Ich rufe. Verschlafen kommt die Wirtin die Treppe herunter. Ich bin wohl der einzige Gast heute. Ich bekomme zwei Liter frisches Leitungswasser und eine Nullfünferbierlänge *Meinel Pils.* Ich sitze draußen auf einem Barhocker und unterhalte mich mit der Gastgeberin. Ein Auto hätte sie nicht mehr. Wie das Wetter wird, das wüsste sie nicht. Radio, Fernseher; alles überflüssig, berichtet die Aussteigerin.

Nach der Erfrischung geht es weiter. Auf der hölzernen *Saale-Brücke* grüßen ein paar Kinder: „Servus!" Ich bin wieder in Thüringen, in Sparnberg. An der Kirche steige ich empor. Kurz darauf wandere ich unter der A9 hindurch. Sie verbindet unsere Bundeshauptstadt Berlin mit München. Eine interessante Brückenkonstruktion aus Alt und Neu verläuft über meinen Kopf hinweg. Ein gut erhaltenes älteres Mauerwerk wird seitlich durch moderne Betonstelzen ergänzt, sodass oben ausreichend Fahrbahnen ihren Platz haben. Fußpause auf der Leitplanke. Dann folgt ein weiterer Anstieg auf Panzerplatten durch den Wald. Der Schall der Autobahn nimmt kontinuierlich ab. Der *Kammweg* entspricht hier dem *Saale-Orla-Weg.* Oben raste ich auf einer Bank. Der Blick schweift über Felder. Dann steige ich auf der anderen Seite wieder hinunter. So langsam mache ich mir über das

Zwischen Blankenstein und Blankenberg: Die *Saale*

Trostlosigkeit in Blankenberg

Vom *Hochzeitskorb* blicke ich zurück auf Blankenstein.

Auf dem *Kammweg Erzgebirge-Vogtland*

Wildgehege zwischen Pottiga und Rudolphstein

„Wer ist hier der Chef, häh?"

Nachtlager Gedanken, gucke rechts und links. Aber nichts gefällt mir. Entweder freie Wiesen oder Hanglage. Alles Mist. Es geht am Fluss entlang in die Ortschaft. Eine spazierende Familie kommt mir entgegen. Die Fenster der ersten Häuser Hirschbergs sind mit Brettern verrammelt. Die Bauten geben ein trostloses Bild ab. Der Ort schmiegt sich geräumig zwischen Berg und Fluss. Es scheint fast so, als wäre die halbe Ortschaft ausgestorben. So viele Häuser ohne Fenster, ohne Gesicht, direkt daneben einige bunte Neubauten. Wie aufgereiht stehen sie da. Skurill. Hoch oberhalb auf einem Fels thronen ein mächtiges Haus und eine Hirschskulptur. Der Kontrast ist erschreckend und Hirschberg vom äußeren Anschein trotz oder eben aufgrund der vielen leerstehenden großen Häuser eher ausladend, sodass ich gar nicht erst nach einer Pension suche. Gewitter wurden angesagt und doch ist das Wetter noch brilliant. Ich kratze im Bogen lediglich den Ortsrand und erreiche – am Fluss entlang – das *Steinmühlenwehr*, wasserwirtschaftliche Anlage des Freistaates Thüringen, vor mir eine massive Felswand. Ein überdachter Hängesteg führt mich um den Fels herum, unterhalb die *Saale*. Auf der anderen Seite im Wald überrascht mich die längste Bank, die ich je zu Gesicht bekommen habe. Laut Angaben der Stadt Hirschberg finden darauf mindestens 97 Personen Platz. Gibt es da etwa einen

Am *Steinmühlenwehr* der *Saale* hinter Hirschberg führt mich ein Hängesteg um den Fels herum in den Naturpark Hag.

Wie die Hühner auf der Stange – die längste Bank im Vogtland bietet Platz für mindestens 97 Personen und ist trotzdem immer noch nicht die längste Holzbank Deutschlands.

Sparnberg, Saale-Orla-Kreis

Brückenkonstrukt der A 9 Berlin – München

Hirschberg begrüßt mich mit einer Vielzahl herrschaftlicher, aber leerstehender Bauten.

Auf dem Fels über Hirschberg thront der Hirsch.

Saale-Blick kurz vor Feierabend

Wettstreit um die längste Bank? Zumindest zimmern die Bayern gerade in diesem Jahr am *Altmühltal-Panoramaweg* im bayerischen Kreis Eichstätt mit sechsunddreißig Metern fünfzig, die angeblich längste Holzbank Deutschlands und das aus lediglich einem einzelnen Stamm einer hundertjährigen Douglasie.

Ich befinde mich im Hag, einem vielfältigen Naturpark aus Felsformationen, Mischwald und Wiesenflächen direkt am Ufer der Saale. Zu DDR-Zeiten durfte die Gegend nicht betreten werden – Grenzmaßnahmen! Hinauf und hinab über Wurzeln und Gestein ergattere ich schöne *Saale*-Blicke. Schließlich gelange ich auf einen Plattenweg und finde dort in der Ebene im Wald endlich die Gelegenheit, mein Sekundenzelt aufzuschlagen. Es dunkelt bereits mächtig. Ich sehe zu, dass ich zum Einen etwas erhöht, zum Anderen ohne totes Holz über meinem Kopf nächtige. Ich möchte weder von einem ansteigenden *Saale*-Pegel, noch von einem herabstürzenden Ast überrascht werden. Nach einigem unschlüssigen Umherwandeln ist der Entschluss gefasst. Klamotten rein und schnell noch etwas essen. Schon ist es dunkel.

In der Finsternis rollt ein mächtiges Gewitter über mich hinweg. Der Regen peitscht auf die Zeltplane. Das Gewitter zieht vorüber, kommt wieder zurück und entscheidet sich dann für eine dritte Runde. Begeisterung! Aber das Zelt hält dicht, die Plane ist von innen im Schein der Taschenlampe schon ganz milchig. Dann bahnen sich doch ein paar Tropfen von unten durch die Bodennähte ihren Weg nach drinnen, aber eben nur ein paar Tropfen. Glück gehabt. Erst der Blitz, dann ein gewaltiges Krachen. Es ist nicht der Baum über mir, soviel steht fest. Aber weit war es dennoch nicht weg. Schließlich wird es ruhiger. Irgendwann schaffe ich es doch noch, zumindest für eine Weile die Augen zu schließen.

Etappe 2: Hirschberg – Gutenfürst

Sonntag, 18. September 2011

SOK → V

Saale-Orla-Kreis → Vogtlandkreis

Von Thüringen entlang der bayerischen Grenze nach Sachsen

Die Strecke: Waldgebiet an der *Sächsischen Saale* → *Pößneckers Hütte* bei Venzka → am *Tannbach* entlang → Mödlareuth → Gebersreuth → *Drei-Freistaaten-Stein* → Gutenfürst.

Distanz: 17 km (Anstiege 460 m, Abstiege 420 m)

Höhe über NN: Höchster Punkt 620 m, tiefster Punkt 460 m

Unterwegs: 7:30 – 13:30 Uhr, 6 h

Noch im Zelt – etwas mühsam und eng – packe ich alles zusammen. Draußen ist es schon hell, der Regen hat aufgehört. Ich lehne den großen Rucksack an eine Fichte unter der es relativ trocken ist. Dann falte ich das klitschnasse Zelt zusammen. Die braune Saale rauscht gewaltig. Einen Liter Trinkwasser habe ich noch. Trotz meines Durstes hebe ich ihn lieber bis zum Frühstück auf. Der Himmel ist fast blau. Los geht's, auf dem Plattenweg in den Tag hinein. Über den von Wald umringten weiten Wiesen hängt der Dunst noch tief. Die Sonne geht auf und kämpft sich mit ihren mächtigen Strahlen durch das Dickicht.

Die *Pößneckers Hütte* entpuppt sich als überdachtes Rondell, ungeeignet für eine Nacht, aber perfekt für mein Frühstück. Abseits des Weges liegt sie nahe der Ortschaft Venzka, die ich nicht zu Gesicht bekomme. Von der einsamen Schutzhütte am Hang blicke ich auf die tief unterhalb liegende *Saale*. Erstmal Kaffee kochen. Die Ruhe ist grandios. Das als Teller zusammengefaltete Sekundenzelt stelle ich an den mittigen Pfahl der

ach einer Gewitternacht kämpft sich die Sonne über den Horizont.

ühstück in *Pößneckers Hütte,* mit Blick auf die *Saale*

Felsen vorbei steil durch den Wald

Auf Plattenwegen an der ehemaligen innerdeutschen Grenze, heute Thüringern – Bayern

Grenzmuseum Mödlareuth

Hügelige Landschaft, Graswege

Hütte. Kleine Bäche rinnen heraus. Gut gestärkt geht es weiter, breite Wege, dann ein Abstecher auf urigen Pfaden steil im Wald über den felsigen Berg und schließlich auf Panzerplatten immer entlang der ehemaligen innerdeutschen Grenze bis nach Mödlareuth. Das Grenzmuseum besteht aus den noch vorhandenen Zäunen, Mauern und einem Panzer. Viel wichtiger jedoch ist die Gaststätte, in die ich mich verschwitzt kaum hinein traue. Stattdessen mache ich es mir auf der Bank davor bequem und bestelle durch die Tür eine große Apfelschorle. In meine Trinkflaschen bekomme ich zwei Liter frisches Leitungswasser. Abgehakt.

Es geht hinauf. Der Blick wandert zurück in die Weite. Über Freiflächen wandere ich durch hügeliges Land nach Gebersreuth. Während der Rast unter einem mächtigen Baum herrscht verdächtige Stille. Um mich herum Felder, Wiesen, Ortschaften. Als ich ungeschützt über das freie Land marschiere, beginnt es zu tröpfeln. Unter dem nächsten Baum hoffe ich auf eine Regenpause und muss dann doch weiter dem Asphalt folgen. Kurz vor dem *Drei-Freistaaten-Stein* rettet mich eine überdachte Bank. Ich koche Kaffee und warte weiterhin auf die Trockenphase. Sie kommt nicht. Noch einen Kaffee. Immer noch nicht. Es sieht nicht mehr danach aus, als bliebe mir das Nasswerden erspart – Volle Regenmontur und los. Der Beton des weiterführenden Plattenwegs lässt die Fersen schmerzen. Ein gutes Zeichen. Die Füße sind noch dran. Und plötzlich überrascht mich der *Kammweg* mit wilden Graswegen auf denen das Wasser an der Regenhose herunter, über die gewachsten Lederstiefel rinnt.

Warten auf die Regenpause

23

Nachdem sich Mario ursprünglich für 10:50 Uhr in Gutenfürst angekündigt hatte, schlich sich zwischenzeitlich eine Planänderung ein. War er doch glatt in den Durchgangszug nach Plauen gestiegen, in seiner alten Heimat gelandet und musste wieder zurück fahren. Um 13 Uhr erreiche ich den Bahnhof von Gutenfürst. Mario guckt bereits aus einem zerfallenen Haus in den Regen.

Der einstige Grenzübergangsbahnhof hat seine Bedeutung verloren. Durchgangszüge wären vor der Wende noch undenkbar gewesen, spezielle Sandweichen hätten sie automatisch zum Entgleisen gebracht. In Gutenfürst musste jeder Zug halten und auf die ausdrückliche Freigabe des DDR-Grenzkommandanten warten. Jeder Fahrgast wurde kontrolliert. Der Bahnhof selbst war quasi nicht zugänglich, außer mit Sondergenehmigung, die zu erlangen schwierig gewesen sein dürfte. Die Betongebäude der damaligen Grenztruppen zerfallen nun. Heute kann ein Bahnhof nicht trostloser sein. Die neusten Gegenstände sind ein paar Schilder der Bahn und ein gläserner Unterstand mit Gittersesseln.

Freudig begrüßen wir uns und trinken den kleinen *Rennsteigtropfen*, den mir Mario 2008 in Blankenstein gegeben hatte. Wenn das nicht ein Symbol ist in diesem gottverlassenen Nest. Mario wirft sich seinen Armeeregenschutz über, der Dauerregen bleibt hartnäckig. Bei der ersten überdachten Gelegenheit am Ortsrand, einem Grillplatz, lassen wir uns nieder. Bänke, Tisch alles vorhanden. Und unter dem Dach kann ich auch mein Zelt zum Abtropfen aufstellen. Die nassen Jacken und Hosen hängen hier und da. Es ist kalt und klamm, aber mit diversen Fleeceschichten ganz passabel. Ein paar Plexiglaswände bieten etwas Windschutz. Der Gaskocher macht Marios scharfe Asiatütensuppen heiß. Außerdem hatte ich ihn aufgefordert, von einem großen Bahnhof unterwegs Brot mitzubringen. Wo sonst, soll man sonntags in dieser Gegend auch nur irgendetwas auftreiben? Es gibt belegte Baguettes. Wir entscheiden uns schon mittags zu bleiben. Es hat keinen Zweck weiterzugehen. Es schüttet weiterhin. Hinter der Hütte gibt es sogar einen Wasserhahn. Was für ein Luxus, doch der Inhalt schmeckt nach Gartenschlauch. Abgekocht mit Kaffeepulver oder Brausetabletten geht's einigermaßen. Den Rest des Tages schreibe ich Tagebuch, mustere die Karten und die kommende Wegstrecke. Mario ist bisher nur die paar Meter durch die Ortschaft gestiefelt und daher etwas rastlos. Er macht sich kurz auf, die ersten Meter unseres Weiterweges zu erkunden, ist aber schnell zurück. Noch im Hellen strecken wir uns in unseren Schlafsäcken auf den Bänken aus. Weit und breit ist niemand zu sehen. Es dunkelt, dann kommt die Nacht und zwischendurch fallen irgendwann die Augen zu. Der nächste Tag kommt bestimmt.

Am Bahnhof in Gutenfürst

25

Etappe 3: Gutenfürst – Tiefenbrunn

Montag, 19. September 2011

V

Vogtlandkreis

Sachsen; Vom Burgsteingebiet durchs Vogtland

Die Strecke: Gutenfürst → *Kienmühle* → Schwarzenreuth → unter der A72 hindurch → über die *Vorsperre Ramoldsreuth* → Engelhardtsgrün → *Talsperre Dröda* (*Vorsperre Bobenneu-kirchen*) → Bobenneukirchen → Höflein → Haselrain → *Platzerberg* (629 m ü.NN) → Tiefenbrunn → Wald.

Distanz: 25 km (Anstiege 740 m, Abstiege 670 m)

Höhe über NN: Höchster Punkt 640 m, tiefster Punkt 440 m

Unterwegs: 8:30 – 16:40 Uhr, 6 h 10 min

Als ich erwache, ist Mario schon fleißig am packen. Nach Kaffee und ein paar Keksen geht es los. Das Wasser aus der Leitung hintern Haus ist uns suspekt. Der Topfboden ist schwarz und plötzlich ist das Wasser alle, wider Erwarten doch kein Leitungsanschluss. Immerhin hat das Kopfwaschen noch geklappt.

Aufbruch um halb Neun

Mit der Ländergrenze habe ich auch die fersenzermürbenden Plattenwege hinter mir gelassen. Heute geht es auf Gras-, Wiesen und Waldwegen weiter. Sie wechseln sich mit steinigen Stiegen und Wegen ab. Das Wetter ist etwas trüb, aber von oben trocken. Nur die nassen Wiesen zehren am Stiefelleder. Die unteren Hosenbeine triefen. Wir erreichen an der

26

Kienmühle eine kleine, in Stein gefasste Quelle am Wegesrand. Aus einem Rohr rinnt Wasser. Einen ersten Probebecher befinde ich für gut. Also nehme ich einen Liter für den Weg mit. Es dauert ewig. Aber nach und nach, Becher für Becher füllt sich meine Trinkflasche. Wir wandern weiter durch das Burgsteingebiet; durch Wälder, über Wiesen. Hier und da stehen ein paar Häuser, aber Burgstein umwandern wir unbemerkt. Wir stiefeln eine große Wiese am Wald hinunter und unter der Autobahn 72 hindurch, die Leipzig mit Chemnitz verbindet. Auf der anderen Seite geht es den Hügel

wieder hinauf und durch den Wald. Mario stratzt vorweg, hügeliges Vogtland. In der Ferne erspähen wir bereits die dunklen schemenhaften Erzgebirgsketten. Dann führt uns der *Kammweg* hinunter zur *Vorsperre Ramoldsreuth* der *Talsperre Dröda*.

Das Dorf Ramoldsreuth musste 1967 der Trinkwassertalsperre weichen. Die für uns nicht sichtbare Krone der Betonhauptstaumauer der *Talsperre Dröda* liegt auf 434 m ü.NN. Der Stausee dient hauptsächlich der Trinkwasserversorgung von Plauen, Oelsnitz, Adorf und dem mittleren Vogtland. Gleichzeitig sorgt er aber auch für Hochwasserschutz und dient nebenbei zur Stromerzeugung. Die *Talsperre Dröda* wird auch *Feilebachtalsperre* genannt, da sie vom *Feile-* und *Schafbach* gespeist wird. Zur Rückhaltung von Feststoffen dienen daher zwei Vorsperren. Das Einzugsgebiet des Stausees umfasst 53 Quadratkilometer und reicht bis nach Bayern hinein. Betrieben wird er von der *Staumeisterei Dröda*, die wiederum Teil des *Betriebs Zwickauer Mulde / Obere Weiße Elster* der *Landestalsperrenverwaltung Sachsen* ist. Letztere hat ihren Hauptsitz in Pirna, im Landkreis Sächsische Schweiz-Osterzgebirge.

Die Quelle an der *Kienmühle* spendet Wasser. (MT)

Bewaldetes Vogtland

Grünes Vogtland

Graswege

Die *Vorsperre Ramoldsreuth* staut den *Feilebach*.

Stausee der *Talsperre Dröda*

Wir überqueren den Damm der vom *Feilebach* gespeisten *Vorsperre Ramoldsreuth* und steigen drüben den Stieg hinauf. Die Schweißperlen stehen uns auf der Stirn. Im Nest Engelhardtsgrün gibt es nichts. Kein Pausenbier, oder auch nur irgendetwas Ähnliches. Dafür stehen am Wegesrand zwei verschiedene Apfelbäume, deren rote Früchte uns wieder munter machen. Hier und da sehe ich neben dem Autokennzeichen V auch noch OVL für Obervogtland – bevorzugt an alten Traktoren. Letzteres Kennzeichen, das sowohl für den Kreis Klingenthal, als auch für Oelsnitz galt, wurde bereits 1996 abgeschafft. Damals wurden die sächsischen Landkreise Auerbach (AE), Klingenthal, Oelsnitz, Reichenbach (RC) und Plauen (PL) zum heutigen Vogtlandkreis (V) vereint.

Apfel macht Laune!

So schnell wir in den Ort gelangten, verlassen wir ihn auch wieder. Wiesenwege begleiten uns am Wald entlang und dann bis zur zweiten Vorsperre, der des *Schafbaches*, der *Vorsperre Bobenneukirchen*. Wir erreichen die gleichnamige Ortschaft und auch hier enttäuscht uns die vielversprechende und groß ausgeschilderte Gaststätte *Zum goldnen Löwen*. Aus der Traum. Es muss ja nicht gleich ein Löwe sein. Ein goldenes Pils hätt's auch getan, aber nicht mal das soll uns gewährt sein. Montags schläft der Löwe und die Gemeinde Bösenbrunn macht ihrem Namen alle Ehre. Auf der Parkbank gegenüber geben wir unseren Füßen eine Auszeit. Müsliriegel und Paprika-Cracker besänftigen uns nur wenig. Es geht weiter an der Straße entlang. Das Anglerheim hat auch zu. Unser *Qualitäts-*

Die Feuerwehr von Engelhardtsgrün?

Luxusbank am *Qualitätsweg*

weg Wanderbares Deutschland versucht uns mit einer mosig grünen Sitzbank zu überzeugen, deren Latten künstlerisch in den Himmel ragen. Es folgt das winzige Straßendorf Haselrain. Dann steigen wir auf den 629 m hohen *Platzerberg* hinauf. Auch die dortige Hütte trägt ein naturnahes Moosgrün. Durch die Ritzen kann man durchgucken, aber immerhin gibt es drinnen ein trockenes Kiesbett. Um uns aufzumuntern haben die Vögel drinnen alles vorsorglich mit kleinen weißen Punkten verziert. Trotzdem eine kurze Rast. Drinnen hängt eine laminierte Übersichtskarte des *Kammwegs*, von Anfang bis Ende. Das ist doch mal was.

Wir steigen durch den Wald hinunter zur Straße. Kleine urige Pfade geleiten uns fortan. Sogar die Sonne lugt hin und wieder hinter den Wolken hervor. Wir erreichen Tiefenbrunn, direkt am Waldrand gelegen eine Häuserreihe. Im Vorgarten ist eine Frau in den Beeten zugange. Hinter dem Haus steht ihr Mann mit einer Handsense in den Wiesen. Sogleich winkt er uns zu, legt Harke und Sense beiseite und fragt wohin des Weges.

„Soweit die Füße tragen. Gibt es hier im Ort eine Gastwirtschaft?"

„Montags ist das schwierig. Ich geb´ Euch was zu trinken."

Die Familie betreibt einen Geflügelhof mit Hühnern, Tauben und nebenbei auch noch Kaninchen. Nachdem er uns jeweils ein aromatisiertes Getränk in die Hand gedrückt hat, füllt er auch unsere Wasservorräte aus der Leitung auf. Die sind nämlich inzwischen vollständig zur Neige gegangen. Kurz darauf kommt die Frau mit Kaffee und Kuchen aus dem Haus. Der Mann erzählt vom Leben im Grenzgebiet und seinen vielen unterschiedlichen Berufen. Ursprünglich sei er Tischler gewesen, dann aber auch lange Zeit Kraftfahrer. Die DDR-Zeit im Grenzgebiet sei schwierig gewesen und beschäftigt ihn heute noch sehr. Jeder war ein Spitzel. Mit den Leuten in der Kneipe käme er heute noch nicht klar. Da ginge er nicht mehr hin. Er nuschelt sehr leise vor sich hin, sodass ich leider nur die Hälfte verstehe. Ein Habicht kreist über uns und hat es auf die Tauben abgesehen. Mit wilden Gesten und Rufen vertreibt er ihn. Schließlich verabschieden wir uns von unseren zwei freundlichen Gastgebern – solch Gastfreundschaft erlebt man nicht alle Tage!

Tiefenbrunn gehört zur sächsischen Gemeinde Eichigt, gelegen direkt an der tschechischen Grenze, besser am tschechischen Zipfel, der hier, wie eine Bucht nördlich in die deutschen Lande hineinragt. Inmitten dieser Bucht liegt mit 2200 Einwohnern das böhmische Hranice somit nordwestlich der deutschen Stadt Bad Elster. Eichigt hingegen zählt mit allen seinen Ortschaften 1300 Seelen.

Durch ein lichtes Birkenwäldchen umringt von Nadelgehölz, geht es auf dürrem Gras weiter voran. Es sind nur noch ein paar Kilometer durch den Wald, bis wir an eine überdachte Bank gelangen und uns entscheiden, zu bleiben. Schluss für heute. Wasser haben wir, da wäre es unklug, es durch weitere Kilometer wieder zunichte zu machen. Das Zelt schlage ich neben der Bank im Gras auf. Mario will oben auf dem überdachten Tisch nächtigen. Zunächst jedoch gibt es unsere abendliche Suppe vom Gaskocher. Die Dunkelheit kommt schnell.

Stausee der *Talsperre Dröda* an der *Vorsperre Bobenneukirchen*

Straßendorf Haselrain

Kurz vor Tiefenbrunn

Feierabend

Etappe 4: Tiefenbrunn – Schöneck/Vogtland

Dienstag, 20. September 2011

V

Vogtlandkreis

Sachsen; durchs Vogtland

Die Strecke: Wald bei Tiefenbrunn → Eichigt Höhe → Gettengrün → durchs *Tetterweintal* → über die B92 → Überquerung der *Weißen Elster* → oberhalb vorbei an Leubetha → Abstieg nach Hermsgrün → Wohlbach → in den *Pfarrwald* → langer Aufstieg nach Schöneck/Vogtland.

Distanz: 30 km (Anstiege 890 m, Abstiege 780 m)

Höhe über NN: Höchster Punkt 790 m, tiefster Punkt 450 m

Unterwegs: 8:35 – 18:10 Uhr, 9 h 45 min

Diesmal war es eine extrem ruhige Nacht gewesen. Kein Regen, kaum ein Laut. Nur Mario hatte oben auf seiner Bank Angst gehabt, einen Abgang zu machen. Zu schmal und leicht abschüssig. Dementsprechend hatte er sich umgebettet und ruhte dann auf seiner Plane auf dem Waldboden.

Wir trinken Kaffee und essen Kekse. Der Förster fährt in seinem großen Geländewagen vor, grüßt freundlich und macht sich gemeinsam mit seinem Hund und einer Sprühdose auf, um Bäume zu markieren. Gegen halb Neun machen wir uns vom Acker und treffen sogleich ein paar Waldarbeiter bei der Arbeit. Schnell bemerke ich einen juckenden Huckel hinten am Oberschenkel. Auf einer Bank am Waldrand satteln wir ab und Mario hat zum Glück eine Pinzette dabei, so etwa der einzige Gegenstand, den ich vergessen habe mitzubringen. Gekonnt zieht er mir eine Zecke aus dem Bein. Es kann weitergehen.

Auf in den Tag   (MT)

Landschaftliche Eindrücke rund um Gettengrün

Am Wegesrand   Durchs *Tetterweintal*

In Eichigt Höhe werden wir unseren Müllbeutel los, der zuvor munter an Marios Rucksack hin- und hergebaumelt hatte. Wir ziehen auf Graswegen weiter und verlassen den Ort. Hinter einem Holzstapel stehen drei Leute. „Arbeitslose!" hört Mario sie über uns murmeln. Im Wald frönt Mario seiner Pilzsammlerei. Nein, eigentlich sammelt er gar nicht, hält mir aber einen ausgiebigen Vortrag. Bei jedem entdeckten Exemplar erklärt er mir Namen, Geschmack, Vorzüge oder warum man den Jeweiligen doch nicht essen sollte. Wir reden zu viel und übersehen daher gleich zwei etwas unscheinbare Abzweigungen des Weges, merken dies allerdings schnell und korrigieren unsere Route. Dann erreichen wir einen Teich, an dem sich Mario die Haare wäscht. Jeder hat seine Zwänge. Ohne gewaschenen Kopf geht bei Mario gar nichts, das hat er mir schon klar gemacht.

Wir wandern bis zur Ortschaft Gettengrün. Sie liegt ebenfalls direkt an der tschechischen Grenze, nun aber genau an der nordöstlichen Ecke der zuvor beschriebenen tschechischen Bucht. Ein Mann fährt eine Mistkarre über den Acker. Wir ziehen zunächst durch den Ort und dann über die Anhöhe, ringsum Bergwiesen und in der Ferne die Bergketten des Erzgebirges. Ein uralter Traktor steht am Wegesrand. Mario bestaunt hochgewachsene gelbe Arnika. „Damit reibe ich mich normalerweise ein", sagt er.

Eine kurze Straßen- und Asphaltpassage haben wir hinter uns. Es geht durchs grüne *Tetterweintal* weiter. Der kleine *Tetterweinbach* schlängelt sich durch die Wiesen. Wir ziehen am Wald entlang und dann durch ihn hindurch aufwärts. Als wir wieder

hinaus gelangen, kommen uns zwei Zwickauer fragend entgegen, ob wir Pilze gesehen hätten. Haben wir!

Wir überqueren die stark befahrene B92 und dann die plätschernde *Weiße Elster*, einen Nebenfluss der *Saale*. Er entspringt zwischen Aš und dem deutschen Bad Brambach. Aš liegt im Süden der tschechischen Bucht im Elstergebirge. Zieht man vom südwestlich gelegenen Fichtelgebirge eine Diagonale zum Erzgebirge, so liegt das Elstergebirge quasi als Bindeglied in der Mitte. Bei Halle mündet die *Weiße Elster* schließlich nach 245 km in die *Saale*. Das Elstergebirgswasser gelangt somit schließlich über die *Elbe* in die Nordsee.

An einer Baustelle müssen wir am Hang hinauf. Der Weg oberhalb von Leubetha bringt uns zur Verzweiflung. Die Ortsumgehung ist matschig und extrem unwegsam. Schmale Pfade führen uns durch das Gebüsch. Zu sehen gibt es nichts. Der Weg endet an einem Zaun. Zwei Drähte sind übereinander gespannt. Mario entscheidet sich für den Aufstieg rechts hinauf durch das Dickicht. Irgendwie ist da oben noch ein Weg. Ich gehe noch ein paar Meter weiter am Hang entlang und steige dort über den Zaun, wo er bereits herunter hängt. Am Ende treffen wir wieder zusammen und Mario durchläuft sein Tief und schimpft: „Ich fall gleich um!"

Seit Samstag latschen wir durch die deutschen Lande und haben am Sonntagmorgen in Mödlareuth die letzte geöffnete Gaststätte gesichtet. Inzwischen ist Dienstag. Nirgendwo gab's neue Verpflegung und seit Tiefenbrunn nun auch kein frisches Wasser mehr. Das habe ich so nicht erwartet, zumal wir nicht durch abgelegene Hochgebirgsgegenden wandern. *Qualitätsweg* schön und gut. Aber was bringen einem Wanderverband-Vorgaben, die sich streng am Bodenbelag orientieren? Orte werden auf Biegen und Brechen umgangen, um möglichst keinen Asphalt unter den Füßen zu haben. Mein Fazit: Es reicht einfach nicht, einem *Qualitätsweg* zu folgen, sei es noch so bequem (oder auch nicht), sei er noch so gut beschildert und mit Mühe geplant. Es bringt nichts, sich an irgendwelchen Hängen entlang zu quälen, wenn man unten einfach durch den Ort gehen kann. Man muss sich scheinbar vom Gedanken lösen, einem einzigen Fernwanderweg durchgängig zu folgen. Mir meinen eigenen Weg zu suchen, das muss ich erst wieder lernen. Damals im Eichsfeld, im ersten Teil dieser Fernwanderung hatte das recht gut funktioniert.

Nach einem Schluck aus der Trinkflasche, die ich Mario aus seinem Rucksack ziehe, geht es etwas besser. Mir ist auch nicht gerade froh zu Mute, da ist sein Gemotze wenig förderlich. Auf einer alten zugewachsenen Bank an der Hangwiese entscheiden wir uns für eine Pause. Die Füße trocknen in der Sonne. Wir teilen den Rest Wasser aus meiner Flasche und vernichten die letzten Reserven, für die man kein Wasser zur Zubereitung benötigt. Es gibt Müsliriegel und jeweils eine halbe Tafel Schokolade. Dann ist Sense.

Der Weg führt hinauf und wieder in den Wald. Dann geleiten uns zwei breite Reifenspuren über den braunen Acker. Es wird immer besser. Wie das hier wohl bei Regen aussieht? Immerhin scheint heute die Sonne, das Wetter ist uns wohl gesonnen. Im Zickzack geht es drüben im Wald weiter. Es folgt eine sehr lange Passage auf breiter Forststraße. Am Ende öffnet sich der Wald in eine typisch vogtländische Hügellandschaft mit weiten Wiesen. Endlich entscheiden wir uns gegen die vorgesehene Wegführung und verlassen den *Kammweg*. Der Abstieg nach Hermsgrün ist schnell gemacht. Inzwischen habe ich von der ersten Wanderkarte des Landesvermessungsamts Bayern auf die erste *Naturpark Erzgebirge/Vogtland* Karte des Landesvermessungsamts Sachsen gewechselt. Das Symbol einer Gaststätte lockt uns in den Ort. Auf den ersten Blick erscheint das graue Haus eher ausladend und geschlossen. Aber die Tür ist offen. Die trübe Gaststube ist leer, aber auf unser Rufen hin tut sich etwas. Die beleibte Wirtin kommt angewackelt. Nach etwas Zögern – „Ist doch alles nass!" – dürfen wir uns doch draußen auf die Plastikstühle an den Tisch setzen. Eigentlich sind nur auf dem Tisch ein paar einsame Tropfen wiederzufinden, aber die Wirtin ist wohl nicht so gut zu Fuß. Sie wiederum ist nur zufällig da und sagt aufgrund unserer unerwarteten Kundschaft kurzerhand telefonisch ihr eigentliches Vorhaben ab. Da haben wir gerade nochmal Glück gehabt. Wir sitzen auf einer Art Podest an der Durchgangsstraße. Aber Verkehr herrscht quasi nicht. Unsere Füßen ruhen auf grünem Kunstrasen. Das kühle nullvierer Blonde unbekannter Herkunft erfrischt uns ganz hervorragend. Dann steht sie vor uns mit zwei Tellern. Die Karte hatte sie uns vorher mündlich mitgeteilt. Es gibt in Sauce ersäuften Sauerbraten mit Rotkohl und – typisch vogtländisch – gebratenen Klößen. Letztere sehen eigentlich aus wie Puffer. Ein gummiartiges Zeug, das einmal ein Kloß war, dann aber plattgedrückt und in Fett ertränkt gebraten worden ist. Aber wir sind genügsam und zufrieden. Hinterher gibt es *Klesslekuchen*, der ist richtig gut. Eine Art selbstgebackener Streuselkuchen bunt durch die Bank. Hier Kokos, da Streusel und auf jeder Ecke etwas anderes.

Hier wartet die Erlösung!

Die meisten Vorbeifahrenden winken uns grüßend zu. Das Postauto trägt ein Z für Zwickau. Ein älterer Einheimischer fragt neugierig nach unserem Vorhaben, und erzählt dann

38

ir ackern uns voran.

Im Vogtland zwischen Wald und Wiese

mmweg, bleib doch wo der Pfeffer wächst!

Quelle des Glücks in Hermsgrün

vei Wanderer im Glück

Essen auf vogtländisch

Von Hermsgrün nach Wohlbach

Älteste mittelalterliche *Kirche* des oberen Vogtlandes in Wohlbach

selbst von seinen Militärmärschen bei der NVA. Unter anderem auf Rügen sei er stationiert gewesen. Hitlers wahnsinnig überdimensioniertes Seebad *Koloss von Prora* hatte später auch der NVA als Kaserne gedient.

Beim Zahlen in der Gaststube fragt mich eine inzwischen eingetroffen Frau ernsthaft, ob ich ein Fischkopp wäre. Ich würde so sprechen und ihre Tochter hätte da oben auch mal gewohnt. Nunja, ich sächsele nicht, komme gebürtig aus Hannover, mit Fischkopp hat das wenig zu tun. Aber das verstehen die Leute hier nicht, bei Mario ist das ganz ähnlich.

Anschließend folgen wir der Straße nach Wohlbach, das gemeinsam mit Hermsgrün und weiteren Ortschaften Teil der 1500 Einwohner zählenden Gemeinde Mühlental ist. Eine kleine mittelalterliche Steinkirche aus dem Jahr 1447 wird gerade frisch renoviert. Dann fährt ein bereifter *Wernesgrüner*-Zug mit vielen winkenden Rentnern vorbei. Wir mühen uns auf den bewaldeten Berg hinauf, die vogtländischen Klöße liegen uns etwas quer. Der Aufstieg nach Schöneck / Vogtland zieht sich ziemlich lange und ermüdend hin. Je einen Liter Wasser hatten wir uns noch abfüllen lassen. Brausepause! Die Tabletten sind wichtig und bringen uns wieder nach vorn. Schließlich erreichen wir den Stadtrand. Dann geht es noch ein Stück an den Bahnschienen entlang und direkt vor den Toren der Stadt wird es nochmal richtig matschig.

Schöneck schmiegt sich an einen bogenförmigen Hang, zieht sich um das Tal herum und thront quasi über dem Vogtland. *Balkon des Vogtlandes*, betitelt sich die auf 700 - 800 m ü. NN gelegene Stadt. Ein tolles Panorama. Vor unseren Augen erstreckt sich unterhalb die grüne Landschaft aus der wir gekommen sind. Laut Stadtinformation blicken wir hier über rund 2000 Quadratkilometer Land. Geologisch gesehen befinden wir uns mit der Schönecker Hochfläche auf dem westlichen Ausläufer des Erzgebirges. Es geht voran!

Wir stehen vor dem Koloss von *IFA*-Hotel samt großer Sportanlage und fragen nach einem Zimmer. 40 Euro pro Person im Doppelzimmer ist uns zu dolle, das Wellnessbad inklusive brauchen wir nicht und irgendwie passen wir auch gar nicht in das Umfeld der Bettenburg, fühlen uns unwohl. Wir suchen etwas familiäreres, kleineres. Also dringen wir weiter ins Zentrum vor. Der Asphalt der folgenden drei Kilometer ist inzwischen ziemlich zermürbend und nagt erbarmungslos an den strapazierten Fersen. Aber der Aufwand lohnt sich. Die Pension der Brauereigaststätte bietet uns ein Riesenzimmer für insgesamt 60 Euro. Eigentlich sind es zwei ineinander übergehende Zimmer, eins mit zwei Einzelbetten, das andere mit Doppelbett. Wir beziehen das Erste und haben mit dem Zweiten zusätzlich genug Raum um alles zu trocknen, selbst das Zelt. Erst eine Dusche, dann Klamotten waschen und trocknen, das braucht seine Zeit. Die ausgelaugten Lederstiefel bekommen ihre Schicht Wachs. Schließlich vervollkommnt das anschließende Abendbrot mit trübem Museumsbier im Gewölbe der Gaststätte den Abend – besser geht's nicht.

Etappe 5: Schöneck – Morgenröthe-Rautenkranz

Mittwoch, 21. September 2011

V

Vogtlandkreis

Sachsen

Die Strecke: Schöneck/Vogtland → *Talsperre Muldenberg* → *Am Saubach* → *Sauteich* → Aufstieg zur *Aussicht Halde* → *Schneckenstein* → *Passhöhe Mühlleithen* (860 m) → Morgenröthe-Rautenkranz.

Distanz: 22,5 km (Anstiege 610 m, Abstiege 610 m)

Höhe über NN: Höchster Punkt 925 m, tiefster Punkt 690 m

Unterwegs: 10:00 – 17:20 Uhr, 7 h 20 min

Der Wecker klingelt um 6:30 Uhr. Packen dauert. Für acht Uhr ist unten in der Gewölbegaststube das Frühstück angesetzt, aber wir sind schon zehn vor da. Das ausgiebige Mahl sagt uns zu.

„Gibt es hier im Ort einen Laden, Supermarkt oder ähnliches?", frage ich die Bedienung.

„Vorn an der Ecke ist ein kleiner Laden, der hat eigentlich alles. Macht um neun Uhr auf."

Hier werden noch Ostprodukte angeboten: Wir warten an der Ecke, dass es neun wird und Tante Emma ihren Laden aufsperrt. Ein Einheimischer mittleren Alters, zottelig langes graublondes Haar, kommt sofort auf uns zu und redet drauf los. Marios Tarnfleckhose und unsere Wanderkluft haben eine anziehende Wirkung.

„Am liebsten renn ich auch immer so rum. Woher kommt ihr?"

„Ich bin aus Bayern", entgegnet Mario.

„Du bist kein Bayer, das hör ich sofort."

„Na, ursprünglich bin ich aus Greiz."

„Achso, das hab ich gleich gehört. Und Du?"

„Ich komme aus dem Harz."

„Wernigerode?"

„Nein, aus dem Westharz. Ich habe in Clausthal-Zellerfeld gewohnt."

„Ach. Nach der Wende war ich mal in Braunlage. Hab mit meiner Frau ein Bier getrunken und zwei Spiegeleier gegessen. Zehn Mark sollte ich da zahlen. Stell Dir das mal vor. Zwei Eier, die kosten doch nichts. Hahaha. Für ne Markfünfzig kriegst du ne ganze Packung. War das teuer."

Dann hat der Laden geöffnet. Allerdings finden wir nichts Brauchbares. Alles was wir benötigen, gibt es nicht, Essbares schon gar nicht. Tante Emma und die einzige Kundin außer uns passen hier ganz gut hin. Wir kommen uns etwas fehl am Platz vor. Zu Fuß durch die Stadt – ohne Gepäck, wer hätte das gedacht. Wir fühlen uns federleicht auf unserem Versorgungsmarsch. Der Ortskern ist sehr ordentlich herausgeputzt, aber tot. Wir suchen die leeren Straßen ab. Keine Drogeriekette, wie man es sonst so kennt, nichts. Einen »Supermarkt« gibt's in diesem Bundesland so oder so nicht, dafür aber »Kaufhallen«. Ganz am Stadtrand finden wir schließlich eine Kaufhalle. Der »Neddö« hat alles was wir brauchen, außer Ersatzbadelatschen. Marios Exemplare sind schon in Gutenfürst auseinander gefallen. Wir decken uns ein. Brot, harte Wurst, Kekse, Schokolade, Müsliriegel, Tee, löslichen Kaffee und was man sonst noch so braucht.

Zurück zur Pension. Um zehn Uhr stehen wir, das durchgetrocknete Gepäck geschultert, mit frisch gewachsten Stiefeln auf der Straße. Es geht los. Das Gewicht auf dem Rücken hat wieder zugenommen – logisch. Der Anstieg innerorts ist mühsam. Wir müssen uns erst wieder eingewöhnen. Hemd aus! Kurzärmlig ist es sogleich besser. Hinaus aus der Stadt. Kieswege führen uns durch Fichtenwald an einer Bahntrasse am Ufer der *Talsperre Muldenberg* entlang. Wir rasten auf einer Bank am Wasser und erfreuen uns der sich idyllisch an der Stauseeoberfläche spiegelnden Bäume. Mario hat in der Kaufhalle vorgesorgt. Wir müssen Gewicht loswerden und genehmigen uns – zumindest für mich – den Hundertkilometerschoppen.

Die *Talsperre Muldenberg*, erbaut zwischen 1920 und 1925, besitzt – nach der westfälischen *Möhnetalsperre* im Kreis Soest – die zweitlängste Staumauer Deutschlands. Eine 525 m lange, gekrümmte Gewichtsstaumauer, Stein auf Stein. Alle längeren deutschen Stauwerke sind Staudämme, keine Mauern. Der Stausee der *Roten-* und *Weißen Mulde* sowie des *Saubachs*, die sich hier zur *Zwickauer Mulde* vereinen, dient der Trinkwasserversorgung von 100.000 Menschen und dem Hochwasserschutz.

Wir marschieren über die Mauer hinweg. Kleine Pfade führen uns an der anderen Uferseite den *Saubach* entlang. Am *Sauteich* gibt es die nächste Rast mit Picknick. Während wir im Gras sitzen, dient ein abgesägter Baumstumpf als Tisch. Dann müssen wir wieder ein Stück zurück; Brückenarbeiten am Wanderweg. Auf der anderen Seite der kleinen Schlucht geht es weiter. In Serpentinen steigen wir zur *Aussicht Halde* auf. Wir blicken über Wälder und Berge; in unserem Rücken deutlich zu erkennen, die große Skischanze von Klingenthal – die *Vogtland Arena*.

Die Geschichte der Schanze geht zurück bis die 1930er Jahre. Um die Austragung der damaligen Olympischen Winterspiele 1936 hatte sich Klingenthal beworben. Sie fanden allerdings letztlich in Garmisch-Partenkirchen statt, und eine erste große

aber nicht das, was wir brauchen. (MT)

Stadtkirche *St. Georg* in Schöneck

f ins Erzgebirge

Am Ufer der *Talsperre Muldenberg* (MT)

t der *Talsperre Muldenberg* über die zweitlängste Staumauer Deutschlands (MT)

Sprungschanze wurde auch erst 1959 eingeweiht. Die zwischenzeitlich baufällige Anlage wurde dann 1990 wieder gesprengt. Mit dem Sommer Grand Prix der Nordischen Kombination weihte die Stadt schließlich 2006 die *Vogtland Arena* mit ihrer neuen großen Schanze ein. Die Stadt Klingenthal auf 569 m ü.NN umfasst etwa 8000 Einwohner. Aus dem Wappen der Stadt geht hervor, dass Klingenthal für seinen Musikinstrumentebau bekannt ist. Heute ist mit der *Vogtland Arena* besonders der Wintersport von Bedeutung. Der Ort selbst präsentiert sich auf Bildern vor schneebedeckten Bergen als *Klingenthal – meine Weltcup Ferienregion. Wanderparadies, Wintersportzentrum, Musikstadt.*

Ein rüstiges älteres Paar steigt vor uns auf. Oben angekommen sind wir jedoch etwas enttäuscht. Ein Unterstand auf der Kuppe wurde zerstört und den Hang hinab geworfen. Viel zu sehen gibt es sonst nicht. Mario klettert noch auf eine Plattform, winkt aber ab, als ich auch hinauf will. Wir treffen ein gepäckloses Paar, das uns auf dem *Kammweg* entgegenkommt. Ein Pauschalangebot sei das. In Schöneck wäre allerdings Ende. Dahinter gäbe es keine

Vertragspartner mehr. Wir hatten jetzt auch nicht unbedingt nur gute Erfahrungen zwischen Blankenstein und Schöneck gemacht, wenn ich so zurück denke. Jedenfalls schlafen die Zwei in voraus gebuchten Hotels, haben jeweils einen kleinen Tagesrucksack dabei, während das große Gepäck von Unterkunft zu Unterkunft gefahren wird. Quasi das totale Kontrastprogramm zu Marios und meiner Tour.

Eine schnurgerade Waldstraße führt uns auf der anderen Seite steil hinab und auf breitem Asphalt weiter durch den Wald. Nur ein kurzer Abstecher ins dunkle Grün des Nadelwalds und wir stehen am *Schneckenstein*. Er ist eingezäunt, worüber ich mich ärgere, da ich ein geschlossenes Kassenhäuschen sehe. Womit will man denn hier Geld verdienen und wofür der Aufwand mit dem Zaun? Aber Mario erklärt mir, was es damit auf sich hat.

Der Topasabbau, der zu früher Stunde ohne Wissen und Erlaubnis der sächsischen Herrscher bis 1727 stattgefunden hatte, wurde, nach Meldung des Fundortes durch den Tuchmacher Christian Krautim an den sächsischen Kurfürsten, schließlich offiziell. Von nun an war es die *Tageszeche Königskrone*, welche das Gestein im weiteren Verlauf des 18. Jahrhunderts abbaute. Die *Sächsischen Diamanten* wurden selbst in die englische Königskrone eingearbeitet. Um 1800 wurde der Abbau aufgrund nachlassender Qualität eingestellt. Insgesamt wurden bis heute geschätzt zwei Drittel des Felsens abgebaut. 1937 wurde das übrige Massiv als Naturdenkmal unter Schutz gestellt. Und dennoch ging der Raubbau im Kleinen weiter. *Stetes Wasser höhlt den Stein.* Sogar nachts sollen Sammler mit Leuchte gemeißelt haben. Damit das Naturdenkmal nicht gänzlich verschwindet, wurde es eingezäunt und zwischenzeitlich sogar vom Bundesgrenzschutz bewacht. Heute führt eine metallene Leiter hinauf und bietet Besuchern die Möglichkeit eines Blickes von oben – wenn das Kassenhäuschen besetzt ist.

Zahlreiche Bänke und Tische laden zur Rast ein. Wir verschnaufen ein wenig, bevor es dann auf überwiegend breiten Wegen weiter geht. Zu Anfang an der *Saale* war ich durch vielseitigen Mischwald gewandert. Inzwischen dominiert eine Fichtenmonokultur die Umgebung. Oberhalb von Mühlleithen marschieren wir am Waldrand entlang. Unterhalb liegt die Ortschaft inmitten grüner Wiesen. *Vogtlandschanze*, sagt das Schild. Ein moderner Wintersportort, wie es uns scheint. Die *Passhöhe Mühlleithen*, wie wir an der Straße lesen können, liegt auf

860 m ü.NN. Ein Stückchen müssen wir durch die Siedlung, vorbei an einem großen Hotelbau. Dann folgt eine schnurgerade, sowohl fersen-, als auch gemütszermürbende, lange Forststraße durch den Wald; immer leicht abschüssig und trotzdem anstrengend. An der nächsten Kreuzung rasten wir auf einer Bank. Viel Dampf in den Beinen haben wir nicht mehr. Dafür dampfen die Füße umso mehr. Der Stiefel entledigt, strecken wir sie von uns. Ein Auto mit holzbeladenem Hänger fährt vorbei. Wir bemerken, dass wir jetzt wieder den Wanderweg *EB* kreuzen. Weiter geht es. So langsam halten wir Ausschau nach einer bequemen Schutzhütte, die uns womöglich eine Auszeit über Nacht gönnen könnte. Ich bin so fixiert auf dieses Ziel, dass ich gar nicht mehr so recht auf die Wegbeschilderung achte und nur auf jeden Schuppen direkt drauf zu stratze. So stehen wir plötzlich an der Straße, unter welcher mehrere Wildbäche hindurch strömen. Wir haben unseren *Kammweg* verlassen. Es ist mir egal. Umkehren kommt nicht in Frage. Das Einzige, was ich jetzt noch kenne, lautet »Vorwärts«. Mario schimpft. Er will umdrehen und sehnt sich nach seinen idyllischen Waldpfaden. Ich ignoriere ihn und folge der kaum befahrenen Landstraße. Die Karte sagt mir, ein Stück weiter vorn, auf der nächsten Brücke, käme ich schon wieder zurück auf unseren Wanderweg. Mario stapft in einigem Abstand missmutig hinterher. Dass ich den »eisernen Zielblick« geradeaus habe, ist vermutlich meiner Ermüdung zuzuschreiben. Die Brücke kommt, ein kurzer Anstieg auf der anderen Seite und wir stehen wieder auf dem *Kammweg.* Weiter, immer weiter! Die Landschaft um uns herum nehme ich nicht mehr sonderlich detailliert wahr. Mario hat mehr ein Auge für die Details des Wassergrabens und der menschlichen Ingenieurskunst, durch die das Wasser des Baches sich auf seiner Höhe in geregelte Bahnen einerseits und den ursprünglichen Bachverlauf andererseits teilt. Ein Pfad führt mich weiter am Graben entlang. Mario hängt ein ganzes Stück hinterher. Am

ck auf die *Vogtland Arena* in Klingenthal, Fernsichten von der *Aussicht Halde*

hneckenstein   Mühlleithen

Ende erreiche ich die Ortschaft Morgenröthe-Rautenkranz. Auf dem Dach eines Schuppens am Hang ist ein Mann am Zimmern. Wir kommen ins Gespräch.

Ob es hier im Ort irgendeinen Laden, eine Gastwirtschaft oder Ähnliches gäbe, frage ich.

Gibt es nicht. Das einzige Hotel hat gerade geschlossen – bis auf Weiteres! Ob ich Schach spielen könne, werde ich nach kurzem Überlegen gefragt.

Ich entgegne, dass ich wohl ungefähr wisse, wie man die Figuren setzt.

Er sei der Wassermüller von Morgenröthe, und wohin ich des Weges wär? Er bietet mir sein Zimmer an.

Dass ich aber nicht allein bin, entgegne ich. In dem Moment taucht auch Mario auf.

Das würde nichts machen. Wir sollen einfach mal mitkommen und uns ansehen, ob wir uns das vorstellen könnten. Er hätte das schon mal mit Wanderern und Radfahrern auf der Durchreise gemacht. Wir müssten auch nichts zahlen. Es würde reichen, wenn wir ihn zum Abendessen beim Italiener einladen.

In seinem selbst erbauten Turbinenhaus hat Klaus sich eingerichtet. Aus Itzehoe kommt er ursprünglich, hat inzwischen in diversen Bachtälern Turbinen installiert und versorgt die Nachbarschaft mit Strom. Strom gäbe es hier umsonst, erzählt er uns stolz. Wir entscheiden uns zu bleiben und machen uns erstmal einen heißen Becher zu trinken, solange unser Gastgeber noch ein wenig weiter zimmert.

Schließlich setzt er sich zu uns an den Küchentisch. Das Erzgebirge kennt er in und auswendig. Er ist überaus redselig und hat soviel zu erzählen, als hätte er das letzte halbe Jahr niemanden mehr gesprochen. Wir studieren gemeinsam meine

Wanderkarten. Klaus gibt uns zahlreiche Tipps. Sie sind allerdings allesamt aus der Sicht eines Radfahrers. Möglichst auf dem Kamm bleiben! Schnurgerade Routen empfiehlt er uns. Wir sollen lieber den *Kammweg* verlassen und die tschechische Seite bevorzugen, das sei der echte Kamm.

Dann fährt er uns in seinem 320.000 km gelaufenden 3 L Lupo in einen der Nachbarorte zu seiner Gaststätte. Das Essen ist gut. Am Ende haben wir dann doch keine Wahl, da er darauf besteht, die Rechnung selbst zu begleichen. Er scheint hier auch bestens bekannt zu sein.

Zwischenzeitlich erhalten wir einen Vortrag, was während der Wende alles schief gelaufen sei und welche Westfirmen die Maschinen und das Wissen abgegriffen hätten. Dann erklärt er uns noch die Wettersituation im Erzgebirge. Das *Morgenröthetal* soll die kälteste Region Deutschlands sein. Die Eiseskälte stünde darin quasi gefangen. Die Autoscheiben sind schon von Tau beschlagen, als wir uns auf den Rückweg machen. 20 km weiter im Erzgebirge, wäre das Wetter vollkommen anders. Kommt heute Nacht der erste Frost? Eine Südwestwetterlage ist im Erzgebirge jedenfalls Standard, lernen wir. Und dennoch hat man hier in den Tälern in der Regel Nordwind. Vor der Erzgebirgswand steigt der Wind auf und zieht durch diesen Unterdruck den kalten Wind von Norden durch die Täler nach.

Klaus fährt noch kurz an der Deutschen Raumfahrtausstellung vorbei und zeigt uns die auf einem Betonsockel thronende Mig 21, das ehemalige Jagdflugzeug von Sigmund Jähn. 1937 in Morgenröthe-Rautenkranz geboren, ist Dr. Sigmund Jähn wohl der berühmteste Sohn der Gemeinde. 1978 nahm er als Kosmonaut am Weltraumflug der UdSSR/DDR teil und war somit erster Deutscher im All.

Um 22 Uhr fallen wir schließlich in die Betten.

Etappe 6: Vorstoß ins Erzgebirge

Donnerstag, 22. September 2011

V → ERZ (ex ASZ) → **CZ**

Vogtlandkreis → Erzgebirgskreis (hier ehemals Landkreis Aue-Schwarzenberg) → Karlovarský kraj (Region Karlsbad)

Von Sachsen in die Tschechische Republik

Die Strecke: Morgenröthe-Rautenkranz → Aufstieg *Markersbach* bis zur neuen Schutzhütte → hinauf zum *E3* → Umgehung Carlsfeld → wir verlassen den *Kammweg* → Staumauer *Talsperre Carlsfeld* → Stauseerundweg → südlich vorbei an Weitersglashütte → *Wanderweg der Deutschen Einheit* → auf dem Erzgebirgskamm auf der deutsch-tschechischen Grenze → Hochmoor → *Henneberg* → Jugel → Johanngeorgenstadt → Potůčky (Breitenbach) → *Schwarzwassertal* (*Černá / Schwarze Pockau*).

Distanz: 28 km (Anstiege 950 m, Abstiege 750 m)

Höhe über NN: Höchster Punkt 960 m, tiefster Punkt 640 m

Unterwegs: 8:00 – 17:30 Uhr, 9 h 30 min

Sechs Uhr, Alarm, Alarm! Nach einer kurzen Dusche trinken wir mit unserem kuriosen Gastgeber noch einen Kaffee. Um acht Uhr ist Abmarsch und wir verabschieden uns von Klaus. Wir steigen in einem idyllischen Bachtal des *Markersbaches* auf zu einer nagelneuen Schutzhütte; massiv gebaut, ringsum Kunstwerke aus Holz. Auf dem Weg dorthin führt uns eine kleine Holzbrücke über den Bach, auf der Mario sogleich seine Beine vor sich in der Luft sieht. Ist wohl doch glatter als gedacht. Auf dem weiteren Anstieg verleiht blühendes, aber dürres Gras der Umgebung eine sanfte Stimmung. Kurz vor Carlsfeld wird es mühsam und steil. Steinige Stiege, wir knechten uns gen Himmel wie es scheint. Mal wieder eine Ortsumgehung. Dann stehen wir an einer Skiabfahrt inmitten von hohem Gras. Nur der Überweg ist

ario voran; Morgendlicher Aufstieg von Morgenröthe-Rautenkranz; Florian hinterher   (MT)

er die Skiabfahrt   Carlsfeld

lsperre Carlsfeld   Über die Staumauer hinweg   (MT)

gemäht. Auf der anderen Seite der großen Schneise prangt ein überdimensionales Schild mit dem Logo des *Kammwegs*. Unterhalb liegt eine Ortschaft. Nur noch ein kurzes Stück durch die Fichten und wir stehen oberhalb weiter Wiesen. Am Waldrand entlang geht es weiter. Unten Carlsfeld inmitten des Grüns. Der Wiesenweg endet am Ortsrand. Die Häuser lassen wir auch sogleich wieder hinter uns, verlassen die abgesteckte Route des *Kammwegs* nach rechts und gelangen auf asphaltiertem Weg kurzerhand zur Staumauer der *Talsperre Carlsfeld.*

Ein ansehnlich schön gemauertes Stauwerk aus den 1920er Jahren, 206 m lang, 5 m breit und 31,8 m hoch. Mit einem Betriebsstau auf 903,5 m ü.NN rühmt sie sich als höchstgelegene Trinkwassertalsperre Deutschlands. Auch hier ist der *Betrieb Zwickauer Mulde / Obere Weiße Elster* der sächsischen Landestalsperrenverwaltung federführend. Der 46,7 ha große Stausee der *Wilzsch* hat ein Stauvolumen von 3,21 Millionen Kubikmeter und dient auch dem Hochwasserschutz. Das Einzugsgebiet umfasst knapp fünfeinhalb Quadratkilometer. Die *Wilzsch* speist den Fluss *Zwickauer Mulde* und über die *Mulde* gelangt das Wasser in die *Elbe* gen Nordsee.

Der Weg führt uns über die Mauer hinweg. Auf Feinkies geht es auf dem Stauseerundweg weiter bis zur nächsten Schutzhütte. Wir satteln auf den Sitzbänken ab zu einer Rast mit Brotzeit und Kaffee in der Sonne. Die Karte offenbart uns hier eine kleine Abkürzung. Von der Hütte führt ein Stichweg hinüber zum *Wanderweg der Deutschen Einheit (WDE)*. Dann bewegen wir uns auf dem echten Kamm, genau auf der deutsch-tschechischen Grenze entlang, am Wegesrand ein Grenzstein nach dem Anderen. Eine karge Landschaft. Auch hier hat 2007 Orkan *Kyrill* gewütet. Dürres Gras und Baumstümpfe rundum. Wir treffen den Förster. Es kommen Fragen auf. Wohin des Weges und wo wir schlafen?

f der abgelegenen Grenze

Die Gegend ist gezeichnet von Sturmschäden.

enzsteine entlang des Weges

llo Nachbar

Region Karlsbad   (MT)

Dort wo es passt, also auch mal Draußen.

Wir hätten ja auch schweres Gepäck dabei.

Wir berichten von unserer Herberge beim Wassermüller.

Ach der *Deichgraf*, der sei ja allerseits bekannt, zwinkert er uns zu.

Breite Wege führen uns durch das Hochmoor weiter bis zum Gasthaus *Henneberg*. Vorher können wir am Grenzübergangsschild noch ein Foto schießen. Einkehr ist was Feines. Zu der Bockwurst mit hausgemachtem Kartoffelsalat erquickt uns das frisch gezapfte Gold. Mit einem freundlichen *Glück Auf* grüßen die meisten Spaziergänger in dieser Gegend. Das erinnert mich an meine zweite Heimat, den Harz, in dem ich irgendwann einmal gestartet bin. Allerlei Schilder am Wegesrand erzählen vom Bergbau. Bereits gestern haben wir im Wald ein abgezäuntes Bergwerk passiert, das am Einstürzen war. Langgezogene breite Wege führen uns hinab nach Johanngeorgenstadt. Am Waldrand treffen wir auf eine Gruppe Schwaben, die auf dem Kamm spazieren gehen. Sie würden sich nicht so gut zurechtfinden und fragen neugierig ob wir Paramilitärs auf Gewaltmarsch wären. Nun ja, Marios Tarnfleckhose, meine wiederum oliv – wir haben uns den Farben des Waldes angepasst. Ein schrilles Rot führen wir jedenfalls nicht spazieren. Dann merken sie aber doch schnell von selbst, dass wir wohl einfach nur Kammwanderer sind und fragen nach dem üblichen »Woher« und »Wohin«.

Das Wetter ist deutlich aufgeklart. Oberhalb von Johanngeorgenstadt, hinter Wiesen offenbart sich uns das erste richtige Bergpanorama, *Fichtelberg* und *Klínovec* wie aufgereiht. Johanngeorgenstadt; eigentlich streifen wir den Ort nur und stehen schon am Grenzübergang. Gruselig der Anblick auf der anderen Seite. Über und über wird das Auge in Potůčky von vietnamesischen Kramsbuden und bunten Schildern geflutet. Ziga-

Erstmals eröffnet sich das Erzgebirgspanorama: *Fichtelberg* und *Klínovec* schmücken den Horizont.

retten und Kaffee gibt es an jeder Ecke. Dazu wollen uns die Komparsen noch allerlei anderes Gelumpe andrehen, das wir nicht gebrauchen können. Aber uns mit Verpflegung eindecken, das können wir hier. Tütensuppen, Kümmelbrot, Dauerwurst, ein wenig tschechischen Birnenbrand und Wasser. Mario kauft sich Limonade. Neue Schlappen findet er ebenfalls. Ich muss hier weg. Schauderhaft. Ich möchte gar nicht wissen, was hier sonst noch so gehandelt wird.

Ich navigiere uns aus dem grauen Ort hinaus. Eine große Gruppe deutscher Wanderer kommt uns entgegen. Ein Mann mit GPS um den Hals stratzt vorweg. Wir marschieren auf der geteerten, wenig befahrenen Straße ins *Schwarzwassertal* hinein. Das wildromantisch felsige Tal inmitten von Fichtenwald führt uns flussaufwärts in Richtung Boží Dar. Wir suchen verstärkt nach einer Bleibe und können die Idylle am bräunlich felsigen Fluss daher nur wenig genießen. Zwei Hütten seitlich von der Straße ab erweisen sich als Heuschober zur Wildfütterung. Ich spüre die Fersen und bin bereits ziemlich gerädert. Wir haben genug. Die Stimmung ist schon wieder etwas zerklüftet. Zank liegt in der Luft. Mit meinem Zelt bin ich etwas unabhängiger, das war auch so geplant, aber nun ja. Hinter einem verrammelten Haus direkt am Fluss inmitten des ebenen und von braunen Nadeln übersäten Waldes ziehen wir den Schlussstrich für heute.

Ich stelle mein Wurfzelt auf. Plop! Mario spannt zwischen den Bäumen seine Plane wie ein Dreieck schräg über die Isomatte. Brotzeit! Eine heiße Suppe und einen guten Schluck, dann ist es dunkel und die Stimmung stimmt auch wieder. Im Strahl der Taschenlampe verewige ich im Zelt den Tag in meiner Kladde. Das Rauschen des *Schwarzwassers* wiegt mich in den seligen Schlaf.

f der bewohnten Grenze   Kaffee, Zigaretten und Ramsch

f ins *Schwarzwassertal*

ıte Nacht

Etappe 7: Gipfelsturm *Klínovec* 1244 m

Freitag, 23. September 2011

CZ

Karlovarský kraj (Region Karlsbad)

Tschechische Republik

Die Strecke: Schwarzwassertal (Černá / Schwarze Pockau) →
weiter flussaufwärts → Nordroute um den *Tokaniště* (971 m) →
Myslivni (*Schwarzwassersee*, Trinkwassersee) → *Plattener
Kunstgraben* → Boží Dar → *Klínovec* (1244 m).

Distanz: 17 km (Anstiege 960 m, Abstiege 540 m)

Höhe über NN: Höchster Punkt 1244 m, tiefster Punkt 810 m

Unterwegs: 9:30 – 15:30 Uhr, 6 h

Um Viertel nach Sieben stecke ich den Kopf aus dem Zelt. Die
Nacht am rauschenden Bach war ruhig, trocken und vergleichs-
weise mild verlaufen. So hatte ich den Zelteingang abgesehen
vom Insektengitter offen gelassen. Mario turnt schon draußen
herum und empfiehlt mir den Sprung in den Wildbach. Das tue
ich. Schnell sind meine Füße vom eiskalten Wasser taub, aber das
vollständige Bad erfrischt. Nachtlager abbauen. Zusammenpacken. Kaffee kochen. Frühstücken. Aufbruch um halb Zehn. Es
dauert noch eine Viertelstunde, bis ich meine Füße warm
gelaufen habe und alle Zehen wieder spüren kann. Nur selten
fahren auf der schmalen Straße Autos durch das Tal. Wir
wandern weiter flussaufwärts. An einer Schutzhütte muss ich
Mario zurück pfeiffen, weil er einfach so links abbiegt am Schild,
wo *Boží Dar 20 km* dran steht und ein Wanderweg abzuzweigen
scheint. In der Erinnerung, dass bereits gestern, am Ortsausgang
von Potůčky, Boží Dar mit 18 km ausgeschildert war, konnte dies
nunmal nicht der ideale Weg für uns sein, wollen wir doch nun

eiter flussaufwärts im *Schwarzwassertal*

(MT)

ördlich um den *Tokaniště*

Immer weiter...

Immer weiter.

Kleiner *Schwarzwassersee* in Myslivni

mal auch ein wenig voran kommen.

„Ach!", sagt er. „Die 2 km Umweg, nehme ich für eine schönere Route, als die Asphaltstraße es ist, gern in Kauf."

Wenn es denn mal nur 2 km wären. Unter Berücksichtigung der – vom Ortsausgang ausgehend – bereits zurückgelegten Strecke schätze ich den Umweg eher auf 8 km, was in Anbetracht unseres Vorhabens unpassend ist. Abgesehen davon ist ungewiss, was Mario auf jener Strecke erwarten würde. Es wäre auf gut Glück. Karte und GPS hingegen kann man ganz gut vertrauen. Seit Johanngeorgenstadt orientiere ich mich am zweiten Kartenblatt *Naturpark Erzgebirge/Vogtland* des Landesvermessungsamts Sachsen. Mario behauptet zwar, auch ohne auszukommen, aber hat inzwischen auch schon hier und da verlauten lassen, dass meine Navigationsmethode gar nicht mal so schlecht sei. Ich überrede ihn, geradeaus zu gehen und am nächsten Abzweig erst den Waldweg als nördliche Ortsumgehung von Ryžovna einzuschlagen. Somit lassen wir die aus dem Wald nicht weiter hervorstechende Kuppe des 971 m hohen *Tokaniště* rechter Hand liegen.

Die Straße führt uns auf einen Hügel, rundherum das Wildbachtal samt grüner Wiesen und Fichtenwald. Wir passieren einen Felsblock und treffen ein paar bullige Forstarbeiter.

„Ahoj!"

„Ciao", tönt es uns entgegen.

Wir nehmen den Abzweig und steigen auf dem Schotterweg in den Wald bis auf einen Querweg an. Auf der Teerstraße treffen wir weitere Waldarbeiter mit einem großen Holztransporter. Ein neugieriger Hund kommt uns freudig wedelnd entgegen. Der schmalen Straße folgen wir nun abwärts bis zum kleinen *Schwarzwasser*-Trinkwasserteich in Myslivny. Wir genehmigen uns eine kurze Verschnaufpause auf der Rampe hinter dem Schuppen. Ein deutscher Reisebus steht seitlich geparkt und ein gedeckter Picknicktisch wartet auf eine Gruppe Rentner, die spazieren ist.

Nationales Naturreservat

Wieder der Straße folgend öffnet sich das Bachtal vor uns und wird immer breiter. Das leicht rotgelbe *Schwarzwasser* schlängelt sich durch eine gelbgrüne Wiesenlandschaft. *Národní Přírodní Rezervace* – am Straßenrand beginnt das geschützte Naturreservat. Vor uns erstrecken sich lange hügelige Wiesen, die stetig sachte ansteigen, und oben am Horizont steht der Turm des *Klínovec*.

Wir erreichen Boží Dar und gehen in die Ortschaft hinein. Einkehr! Wir frönen der bodenständigen böhmischen Küche. Erst ein Gurkensalat, dann der *Altböhmische Bauernteller* mit viel Fleisch, natürlich Serviettenknödeln und dazu *Budweiser* vom Fass. Draußen sitzen wir alleine, abgesehen von einem Arbeiter, der bei unserer Ankunft gerade mit dem Essen fertig ist. Drinnen hingegen scheint es voll zu sein, viele ostdeutsche Touristen. Wir sitzen geschützt, aber sobald die Sonne hinter den Wolken verschwindet wird es sehr kalt. Über mein Hemd ziehe ich den Fleece und die Windjacke. So lässt es sich aushalten. Den gigantischen Teller schaffen wir Beide trotz der Stratzerei nicht. Nach einem Slivovice können wir in Euro zahlen. Ich schreibe und verschicke in der Poststelle noch schnell eine Karte in die Heimat, dann geht es weiter.

Boží Dar (Gottesgab) wirbt für sich als *die Stadt im Herzen des Erzgebirges* und zählt dabei lediglich 200 Einwohner. Am Grenzübergang zum deutschen Kurort Oberwiesenthal liegt sie auf 1028 m Metern Höhe am Hang des *Klínovec* und ist als höchstgelegene »Stadt« Mitteleuropas heute ein bedeutendes

Der *Klínovec* in greifbarer Nähe

Gottesgab

Einkehr auf böhmisch

Altböhmischer Bauernteller

Boží Dar zeigt sich mit manch repräsentativem Gebäude von seiner schönen Seite.

tschechisches Wintersportzentrum. Die Besiedlung des Gebietes, welches ursprünglich von einem dichten Hochgebirgsurwald bedeckt war, wird auf die Anfänge des 16. Jahrhunderts datiert und ist auf den Bergbau zurückzuführen. Neben dem Abbau von Erz und der Gewinnung von Torf wurde aus den Sedimenten des *Černý potok (Schwarzbach)* Zinn gewaschen. 1546 wurde die – zu jener Zeit sächsische – Siedlung zur freien Bergstadt ernannt. Der Grenzverlauf zwischen Böhmen und Sachsen wurde mehrfach geändert, sodass Boží Dar in Puncto Zugehörigkeit hin und her fiel. Der Name der Stadt geht den Erzählungen zu Folge auf einen Ausspruch des damaligen sächsischen Kurfürsten auf das gewonnene Silber zurück: *Dieses edle Metall ist Euer Brot, das ist eine Gabe Gottes!* Nach dem dreißigjährigen Krieg konzentrierte sich der Erzbergbau auf Arsen und Zinn. Ab 1734 versuchte man sich abermals an der Gewinnung von Silber, bis der Bergbau 1820 schließlich sein Ende fand.

Wir steigen über Wiesen aus dem Städtchen hinaus und an den Skihängen weiter bergan. Der Wind entzieht uns die Wärme und lässt die gemessenen 13°C wesentlich kälter erscheinen. Über steinige Stiege gelangen wir nach oben, bis wir uns im geschützten Wald schließlich doch der Jacken entledigen. Wir erreichen den Gipfel des *Klínovec* und sind somit angekommen auf der Spitze des Erzgebirges.

Der *Klínovec (Keilberg)* ist mit 1244 m über dem Meer die höchste Erhebung des *Krušné hory (Erzgebirge)*. Er ist 102 Meter höher als der *Brocken* im Harz (1142 m) und 261 Meter höher als der *Große Beerberg* im Thüringer Wald (983 m). 29 Meter tiefer liegt gegenüber auf sächsischer Seite mit 1215 m der *Fichtelberg*, die höchste deutsche Kuppe des Erzgebirges. Zwischen die zwei Berge schmiegt sich der Kurort Oberwiesenthal. Am südlichen Fuße des *Klínovec* liegt das knapp 3000 Einwohner zählende Jáchymov (St. Joachimsthal).

Boží Dar im Rücken, geht es die Skipisten aufwärts.

Fernsicht nach Süden

Der *Klínovec* im Visier

Oben angekommen... einst sollen die Zeiten besser gewesen sein – zumindest was die Bausubstanz anbelangt.

T)   Die Rückseite des imposanten Gebäudes erinnert an die deutsche Zeit auf dem *Keilberg*.

Auf dem Gipfel begrüßt uns ein imposantes historisches Gebäude, verziert mit kleinen Türmchen. Leider ist es hier und da einsturzgefährdet und daher abgezäunt. Die tschechische Armee baut gerade vor der Tür eine mobile Funkstation auf. Am Nordhang wird ein neuer Skilift installiert. Die ganze Gegend erscheint mir wie eine riesig wachsende Skiregion. Ganz in der südlichen Ferne erblicken wir trotz der etwas diesigen Sicht eine langgezogene Gebirgskette, den Böhmerwald. Unterhalb in der Mulde liegt eine Stadt, vermutlich Ostrov (Schlackenwerth), das mit seinen 17.000 Einwohnern mehr ins Auge stechen muss als Jáchymov. Um 15:30 Uhr entscheiden wir uns für eine Nacht im Sporthotel auf dem Gipfel. Neben dem riesigen zerfallenden Gebäudekomplex ist es das einzige Haus auf dem Berg. Nach der Dusche und den üblichen »Klar Schiff« Arbeiten ist das Abendessen inklusive. Außer uns sind noch ein paar brandenburgische Naturfreunde im Speisesaal anwesend. Mit *Pilsner Urquell* und Slivovice lassen wir den Abend gegen 22 Uhr ausklingen.

Etappe 8: *Klínovec – Fichtelberg* – Bärenstein

Sonnabend, 24. September 2011

CZ → ERZ

Karlovarský kraj (Region Karlsbad) → Erzgebirgskreis

Aus der Tschechischen Republik zurück nach Sachsen

Die Strecke: *Klínovec* (1244 m) → Abstieg über den nordöstlichen Skihang → Loučná → Kurort Oberwiesenthal → Sessellift zur Bergstation → *Fichtelberg* (1215 m) → Abstieg wieder auf der markierten *Kammweg*-Route ostwärts → *Rotes Vorwerk* → *Kreuzbrückfelsen* (1018 m) → *Bäreneck* (852 m) → Schmalspurbahntrasse → Kretscham-Rothensehma → *Toskabank* (881 m) → Schutzhütte *Feuerturm* → Südspitze der *Talsperre Cranzahl* → Parkplatz *Bärenstein*.

Distanz: 28 km (Anstiege 1180 m, Abstiege 1570 m)

Höhe über NN: Höchster Punkt 1244 m, tiefster Punkt 737 m

Unterwegs: 8:30 – 17:00 Uhr, 8 h 30 min

Um sechs Uhr geht der Wecker. Kurz vor Sieben erleben wir den Sonnenaufgang vom höchsten Erzgebirgsgipfel aus. Erst wird es hell. Ein orangefarbener Schimmer breitet sich am dunstigen Horizont aus. Langsam erhebt sich die glühende Kugel über das Land. Es ist durchwachsen von Bergketten und Wäldern. Große Schornsteine durchsetzen das Bild. Die Wirtin führt bereits ihre Hunde aus. Beim Frühstück um Acht sind wir die Ersten. Sie erzählt uns, dass sie die Pension seit 1992 führt, die Einzige hier oben. Das große im Zerfall befindliche Gebäude stünde unter Denkmalschutz. Sie wüsste aber auch nicht, ob man wohl nur darauf warte, dass alles einmal abbrennt. Aufbruch ist um halb Neun. Einer der Brandenburger guckt schlaftrunken vom Balkon und wünscht eine gute Weiterreise.

rz vor Sieben ist Sonnenaufgang auf dem *Klínovec.*

ser Sporthotel auf dem Gipfel mit Blick nach Süden

Bei strahlend blauem Himmel verlassen wir den *Klínovec*-Gipfel.

Den nördlichen Skihang abwärts...

Kurort Oberwiesenthal

Auf den *Fichtelberg* wollen wir nun hinauf.

Zurück in Sachsen

Wir wählen den nordöstlichen Abstieg über den grasbewachsenen Skihang nach Loučná pod Klínovcem (Böhmisch Wiesenthal). Es herrscht Goldgräberstimmung, unten ein neuer pyramidenförmiger Glaspalast, rundherum Baustellen. Ein Hotel neben dem Anderen entsteht. Über die Brücke gelangen wir nach Deutschland und  stehen in Oberwiesenthal. Mario rastet auf einer Parkbank in der Sonne und passt aufs Gepäck auf, über unseren Köpfen prangt eine Eisenbahnbrücke. Währenddessen entschwinde ich, leicht wie ein Vogel, in den Ortskern zum Geldautomaten und für ein paar kleinere Besorgungen in die Drogerie und den Supermarkt; Salbe, Batterien etc. Mit einer Flasche Malzbier für jeden von uns kehre ich zurück. Ein niedliches kleines Städtchen, das sich voll und ganz dem Sport widmet. Auf 914 m am Fuße des *Fichtelbergs* gelegen, rühmt sie sich nunmehr als höchste Stadt Deutschlands. Nach der Entdeckung von Silbererz 1527 zur Bergstadt ernannt, besitzt Kurort Oberwiesenthal im sächsischen Erzgebirgskreis heute etwa 2500 Einwohner. Vor der Kreisgebietsreform von 2008 war die Stadt Teil des Landkreises Annaberg (ANA).

Wir wollen heute noch voran kommen, haben den höchsten Gipfel bereits erklommen und entschließen uns dazu, nicht mit dem schweren Gepäck den uns senkrecht erscheinenden Hang auf den *Fichtelberg* hinauf zu asten. Ich bin etwas verwundert über mich selbst. Fällt mir die Entscheidung doch einigermaßen leicht, einfach in den Sessellift zu steigen um oben eben einmal nicht gar wie eine Pellkartoffel anzukommen. Es ist zwar eigentlich nicht meine Art, mich zu drücken, aber den einen Kilometer verbuche ich guten Gewissens einfach mal als geschenkt, nicht geschummelt. Ach wie ist das doch bequem. Wir lassen die Beine baumeln, lachen uns gegenseitig an, während wir an Stahlseilen samt Rucksäcken sanft den Hang hinauf gleiten.

Wo ist hier der Lift? Zwei »Wellnesswanderer« gleiten auf den *Fichtelberg*.

Oben ist viel los; Samstag mittag bei strahlend blauem Himmel. Es ist quasi das krasse Gegenteil zum *Klínovec*. Wir finden einen florierenden Tourismus vor, der nicht erst noch in der Mache ist. Die Leute kommen selbst in Bussen oder mit dem Motorrad auf den Gipfel. Da ist unser Fortbewegungsmittel fast noch originell. Zur Bockwurst trinken wir je ein großes *Radeberger* und sitzen entspannt in der Sonne, trotzdem ist es zugig; um uns herum einige Radfahrer, die herauf gefahren sind und hier nun wieder trocknen. Ein Schild erzählt uns von den europäischen Zukunftsvisionen der Region und einer *Länderschaukel*. Man denkt an eine riesige *Klínovec-Fichtelberg* Verbindungsseilbahn zur Verknüpfung zweier großer Skigebiete und touristischer Regionen.

Den Abstieg nehmen wir nun wieder auf der vorgesehenen *Kammweg* Route; wir sind wieder drauf. Es eröffnet sich uns eine Fernsicht nach Nordosten. Sumpfig schöne Graswege begleiten uns. Plötzlich stehen wir auf Asphalt und es ist erstaunlich schlecht ausgeschildert. Schließlich erreichen wir die Talstation eines Lifts mit Gaststätte am *Roten Vorwerk*. Schmale Wege geleiten uns fortan durch den Wald vorbei am *Kreuzbrückfelsen* auf der Spitze des *Eisenbergs*, der sich zu den *Tausendern im Erzgebirge* zählt. Vom Gesteinshügel aus schaue ich kurz in die Ferne.

Bald bringt uns der breite Schotter wieder zügig und schnurgerade mit leichtem Gefälle voran. Am *Bäreneck* rasten wir vor einer Schutzhütte, derer es auf dem Wegstück zahlreiche gibt. Eine Familie marschiert vorbei:

„Wer trägt denn *den (!)* Rucksack?"

„Na ich!", entgegne ich. Marios Rucksack steht nicht sichtbar in der Hütte.

„Uff!" Sie sind erstaunt.

Es geht weiter bis zur Schmalspurbahn. Wir passen nicht auf. Mario fotografiert zwar noch das Schild, aber wir schalten nicht, dass wir abbiegen müssen. Entsprechend weiter geht es also entlang der Bahntrasse, bis wir merken, dass etwas nicht stimmt. Über einen Wiesenweg bringe ich uns zurück auf den rechten Weg. Wir passieren eine ehemalige Trinkwasserquelle und gelangen schließlich an die Straße nach Kretscham-Rothensehma. Ein kleines Nest. Wieder hinaus und vorbei an weidenden Schafen an einem Schäferhof. Es folgt ein langer schmaler Aufstieg im Wald. Der Grasweg führt uns hinauf zu den Felsen der *Toskabank*. Mario muss in seiner *Fichtelbergs*-Bockwurst einen Turbo gehabt haben, denn er prescht vorweg und wartet oben schon auf mich. Ein paar Minuten zum Verschnaufen geben wir uns auf der idyllisch felsigen Kuppe mit Sitzgelegenheit. Der kleine runde Pavillon jedoch taugt allemal für eine Brotzeit. Später gelangen wir zur Schutzhütte *Feuerturm*, ein tolles Ding mit Kiesboden, nur nicht zu gebrauchen, weil keinerlei Tisch oder Bank vorhanden ist. Unterhalb erkennen wir im Kegel der Fichtenschneise schon die *Talsperre Cranzahl*. Beim Abstieg treffen wir eine Frau mit Hund. *Trinkwasserschutzgebiet* lesen wir auf den

Auf dem *Fichtelberg* (MT)

Der *Klínovec* liegt nun gegenüber.

Beim Abstieg gen Osten blicken wir ins weite Land hinein.

Auf teils sumpfigen Graswegen

Kreuzbrückfelsen

chafe in Kretscham-Rothensehma

Toskabank

nder vor Bärenstein

Der *Bärenstein*

e zwei höchsten Erzgebirgsgipfel liegen nun hinter uns. Noch einmal blicken wir zurück.

Schildern. Ein kleiner klarer Bach liefert uns Wasser, das wir uns für später zum Kochen abfüllen. Wir treffen zunehmend mehr Spaziergänger. Die nächste Schutzhütte kommt ebenfalls ohne Bänke im Inneren aus, ist aber besetzt. Eine Familie sitzt davor beim Picknick. Ein kleines Mädchen kapiert sofort, dass wir im Wald nächtigen wollen. Wir kürzen vom *Kammweg* ab und nehmen rechts den direkten Weg, der sich vom Südzipfel des Stausees aus von der abgesteckten Route entfernt. Wir marschieren durch ein Holzabbaugebiet; geparkte Harvester und gesägte Stämme entlang des Weges. Am Waldrand stoßen wir wieder auf den *Kammweg*. Idyllische Wiesen umschließen die Ortschaft Bärenstein. Links geht es hinauf, am Waldrand entlang in Richtung *Bärenstein* Berg samt Turm, ein totaler Publikumsmagnet, wie es scheint: Busse, Feuerwehr und große Gruppen Spaziergänger. Auf dem Parkplatz unterhalb des bewaldeten Hügels finden wir gegen 17 Uhr eine rundum geschlossene Schutzhütte mit ebenem Betonboden und einer kleinen Bank vor, draußen rundherum Sitzgruppen. Wir halten unser Abendbrot davor in der untergehenden Sonne ab. In der Ferne erkennen wir noch einmal *Klínovec* und *Fichtelberg*. Abgehakt! Wegen unseres Lifts auf den *Fichtelberg* hat Mario den ganzen Tag grinsend von »Wellnesswandern« gesprochen. Am Ende hat das zwar nicht mehr ganz gepasst, wie es eigentlich immer so verläuft, wenn man nach der nächtlichen Bleibe sucht und sich abackert. Aber das kennen wir ja schon. Unser Nachtlager schlagen wir auf dem Betonboden auf und binden die Tür von innen mit Marios Seil zu. So kann uns niemand überraschen. Der Wind ruckelt und knackt an den Wänden. Gut geschützt schlummern wir vor uns hin.

Etappe 9: Bärenstein – *Hirtsteinbaude*

Sonntag, 25. September 2011

ERZ (ex ANA) → **CZ** → **ERZ**

Erzgebirgskreis (hier ehemals Landkreis Annaberg) mit einem kurzen Abstecher nach CZ, Ústecky kraj (Region Ústi)

Sachsen

Die Strecke: Parkplatz *Bärenstein* → *Bärenstein* (898 m) → *Ortschronisten Bank* → Querung B95 → Kühberg (Gemeinde Bärenstein) → Brettmühle (Gemeinde Königswalde) → *Berghof* → Grenzübergang CZ, Černý potok, Ústecký kraj (Region Ústí) → *Zicheinerfels´n* → Ortsumgehung Jöhstadt → Schlössel → *Jöhstädter Schwarzwasser, Preßnitz- und Schwarzwassertal* → Schmalzgrube → *Bismarckhöhe* → *Lustiger Hans* → Satzung (OT der Stadt Marienberg) → *Hirtsteinbaude* (890 m).

Distanz: 26 km (Anstiege 1020 m, Abstiege 950 m)

Höhe über NN: Höchster Punkt 898 m, tiefster Punkt 597 m

Unterwegs: 7:15 – 17:00 Uhr, 9 h 45 min

Wir versuchen, nach Möglichkeit früh aufzubrechen. Mario meint, Morgendämmerung wäre Büchsenlicht. Nicht, dass wir noch vom Jäger erlegt werden. Als wir gegen sechs Uhr aufstehen, steht bereits ein Geländewagen auf dem Parkplatz vor der Hütte. Ein Jäger kehrt grüßend zu seinem Auto zurück und fährt davon.

Um Viertel nach Sieben ist Aufbruch angesagt. Wir erklimmen den Berg *Bärenstein*, der mit 898 m aus der gleichnamigen 2500 Einwohner zählenden Erzgebirgsgemeinde herausragt. Gemeinsam mit Königswalde bildet Bärenstein eine Verwaltungsgemeinschaft und umfasst zudem auch die Siedlungen Stahlberg, Kühberg und Niederschlag.

Erst wird es hell, dann kommt Farbe ins Bild.
Schließlich erhebt sich die glühende Kugel über das Osterzgebirge.

Vorbei an der Gaststätte mit großer Bärenstatue erlangen wir oben vom großen Kreuz eine schöne Aussicht. Es ist noch etwas diesig und zugig aber ein paar Meter weiter finden wir die geschützter liegende *Ortschronisten Bank*. Der Blick fällt auf die *Talsperre Cranzahl* und auf Sehmatal. Die Bahn führt in einem Bogen über eine Brücke. Den Bahnhof können wir sehen, während wir hoch oben Kaffee kochen. Die erste Butangaskartusche ist alle. Ich tausche sie gegen eine neue aus. Es gibt Butterkekse zum Kaffee.

Rustikale Unterkunft

Der schmale Stieg führt uns weiter am Hang entlang und hinunter. Auf dem nun breiten Weg stratzen wir so energiegeladen voran, dass wir den Abzweig verpassen. Zurück! Über Wiesen gelangen wir später an ein paar einzeln stehenden Häusern vorbei zur B95. Auf der anderen Seite treffen wir einen Wegewart, der uns abpasst, sobald er uns erblickt hat. Im Kofferraum seines Wagens mit ANA Kennzeichen, zeigt er uns stolz Schilder und Schrauben. Auf der Heckklappe prangt der Aufkleber des Alpenvereins. Er fragt uns, ob wir Anregungen für den *Kammweg* hätten. Wir erwähnen die fehlenden Bänke in den Schutzhütten und die teils unverständlichen Schnörkel im Wegverlauf. Die Wegführung wiederum, so lernen wir, wäre vom Schreibtisch aus Dresden vorgegeben. Die

Am *Bärenstein* mit Blick auf die *Talsperre Cranzahl*

Blick auf Sehmatal

Bänke draußen vor den Hütten würden bevorzugt von Skiläufern

benutzt. Wanderführer wäre er. Die 40 km Wettwanderung hätte er bereits zweimal gewonnen. Wenn man »richtig« wandern wolle, müsste man dem Wegverlauf des *Kammwegs* schon vollends folgen. Wir erklären ihm, dass wir das anders handhaben und so zum Beispiel auch den *Klínovec* erleben konnten. Uns ist auch noch aufgefallen, dass die Entfernungsangaben hier extrem schwanken. Nun lernen wir, dies läge daran, dass man in zwei Richtungen vermessen und sich irgendwie in der Mitte verpasst habe. Schließlich hätte man sich entschieden es trotzdem dabei zu belassen.

Weiter wandern wir im Wald auf einer Brücke über die Bahn hinweg und hinunter nach Kühberg. Wir passieren einen Mann, der einen Transporter belädt, daneben ein paar angekettete Ziegen. Auf der anderen Seite des Ortes marschieren wir wieder im Wald einen schönen Fluss abwärts. Dann fällt das Wasser über eine Kante und trennt sich in zwei Verläufe. Die eine Hälfte wird in einem dunklen Graben mit seichtem Gefälle auf Höhe gehalten, während der Fluss schnell abfällt. Am Boden des Grabens sehe ich schwarzes Sediment; unser Weg führt weiter daran entlang. Schließlich endet er. Unterhalb sehen wir das *Wasserwerk Annaberg*. Wir steigen hinab nach Brettmühle. Ein längerer Weg führt uns anschließend durch den Wald. An einem Rastplatz samt großer überdachter Bank pausieren wir für das zweite kleine Frühstück. Doch Mario ist mit den Keksen unzufrieden. Er möchte lieber ein deftiges Frühstück und tut seinen Unmut kund. Mein Hemd dampft in der Sonne, die durch die Bäume fällt. Im Schatten ist das Tal sehr kühl. Die Kälte hängt richtig darin. Ein paar Radfahrer kommen dazu und sind neugierig. Nachdem wir von unserem Vorhaben berichtet haben, geben sie uns einige irrsinnige Tipps für eine Route durch Tschechien. Von einem gewissen Berg und vom Gasthaus in Černý potok erzählen sie. Alles Radfahrerdimensionen, mit denen wir wenig anfangen können.

Wir marschieren weiter bis zum *Berghof*. Die Gastwirtschaft sieht verlassen und verfallen aus. Entlang abgezäunter Wiesen stapfen wir abermals auf der deutsch-tschechischen Grenze voran bis zu einem Grenzübergang für Wanderer. Einige Meter dahinter befindet sich eine kleine vietnamesische Bretterbude, das war´s. Die Gaststätte mit der verwaschenen Kreidetafel im angrenzenden kleinen Ort ist geschlossen. Der Tipp mit der tollen Gaststätte war wohl nichts. Bei den Vietnamesen kaufen wir keine Zigaretten wie der Normalbürger, sondern Wasser, das uns inzwischen ausgegangen ist. Auf zwei Stühlen an der Straße genehmigen wir uns erstmal je ein kellerkühles *Gambrinus*.

Der Weiterweg zurück in Deutschland führt uns um Jöhstadt herum. Diesmal ist es allerdings eine ausgesprochen schöne Ortsumgehung am Waldrand entlang mit Blicken auf die Häuser und Umgebung. Im Wald steht ein verwittertes Blechschild *Staatsgrenze*. Heute sieht man alles nicht mehr ganz so eng. Später rasten wir oberhalb der Ortschaft in der Sonne. Das Wetter ist prächtig, die Füße trocknen. Am Hang entdecken wir viele Vogelbeeren bzw. Ebereschen, aber das ist hier definitiv keine Seltenheit.

Wir gelangen nach Schlössel und passieren einen Lokschuppen der *DR-Schmalspurbahn*. In der *Schlösselmühle* gibt es Mittag. Wir sitzen draußen unter der Veranda. Mario isst Rinderrouladen. Ich habe keine Lust mehr auf Klöße und Rotkohl. Also bestelle ich ein Schweinesteak mit Letscho und Pommes, dazu gibt es *Hasseröder*, irgendwie unregional. Als ich meinen Apfelstrudel mit Vanilleeis und Sprühsahne verdrücke, bestellt sich Mario nach kurzem Zögern noch einen Eisbecher. Mario meint, der Wirt hätte etwas die Nase gerümpft, als er bei uns am Tisch stand. Was soll man machen? Die Sonne macht mir etwas zu schaffen.

Ein Stück zurück des Weges auf dem Asphalt der Ortschaft gelangen wir wieder auf den *Kammweg*. Wieder mal eine dieser

Auf dem *Kammweg*

Einst sah man die Welt noch etwas verbissener.

Jöhstadt liegt inmitten des Grün an der deutsch-tschechischen Grenze.

Jöhstadt

Preßnitztalbahn in Schlössel

irrsinnigen Ortsumgehungen. Erst kraxeln wir am Hang aufwärts, dann geht es wieder runter. Wären wir man einfach an der
Gaststätte vorbei unseren eigenen Weg gegangen, so langsam
müsste ich es ja mal kapieren, dass man diese *Qualitätswege* nicht
so ernst nehmen darf. Durch das *Preßnitz- und Schwarzwassertal*
gelangen wir entlang der Schmalspurbahntrasse nach Schmalzgrube. Ein am Standort der Bundespolizei eintreffender Beamter
grüßt freundlich aus dem Bulli. Wir stiefeln wieder links den Berg
hinauf. Er zieht sich. Wir asten durch den Wald ellenlang aufwärts und haken eine Höhenlinie nach der anderen für uns ab.
Hier sind sie besonders eng gezeichnet. Oben nahe der *Bismarckhöhe* sind wir komplett durch. Ich triefe. Brausepause! Mario setzt
sich schon freiwillig einfach auf den Waldboden zum Sitzstreik,
obwohl er sonst gern auf eine Bank wartet. Breitere Wege führen
uns dann bis zum *Lustigen Hans* an den Waldrand. Vor uns
erstrecken sich weite hügelige Wiesen. An der Schutzhütte lernen
wir über den Wilderer folgendes:

Hier liegt der Lustige Hans
mit Flint, Flasch und Gefieder,
er trank viel Schnaps und schoß viel Wild
und hier schoß man ihn nieder.

Über die Wiesen gelangen wir in Richtung Satzung. Die
Ortschaft streifen wir lediglich und machen uns hinauf auf den
Hügel zu den Windrädern. In der Mitte entdecken wir einen
kleinen Teich, quasi Wasser im Felsen. So langsam pfeiffen wir
auf dem letzten Kessel, aber der rettende Gasthof *Hirtsteinbaude*
hat ein Zimmer für uns. Eine Dusche war noch nie so erfrischend
wie heute und am Rahmen des etwas kuriosen Hochzeitsbetts
lässt sich die Wäsche bequem trocknen, die wir in der
Hauswaschmaschine waschen dürfen. Zum Abendessen gibt es
Wernesgrüner und *Köstritzer*. Ich halte meine Brotzeit mit Wurst

Hinauf auf den Hirtstein

Hirtsteinbaude

Das übliche Geschäft, wenn man mal
wieder an eine feste Unterkunft
gelangt. Das kuriose Hochzeitsbett ist
allemal gut zum Wäschetrocknen.

und Käse aus der Region. Mario genehmigt sich Sülze mit Bratkartoffeln. Dann gereiten wir fast in Streit darüber, was eine Bratwurst ist. Denn Mario fragt, ob er von meiner Bratwurst probieren könne. Ich gucke verdutzt, habe ich doch nur eine kalte Platte mit diversen Mettwürsten vor mir. Bratwurst ist in Sachsen scheinbar das, was ich unter Mettwurst verstehe. Was wiederum für mich eine Bratwurst ist, heißt hier Rostbratwurst oder einfach nur Roster. Und jeder, der nicht so spricht wie hier, ist halt ein Fischkopp. So ist das!

Wir plauschen noch ein wenig mit dem Wirt. Er erzählt uns auch, dass er sich ebenfalls etwas über die Betten amüsiert hätte, aber sie seien ja nur Pächter und müssen nun mal mit dem arbeiten, was sie vorgefunden haben, zumal alles noch recht neu sei. Eigentlich hat er seine eigene Firma woanders und spielt hier zusätzlich »nur« Bedienung, denn den Gasthof führe seine Frau erst seit Mai. Wir sind froh darum. In Anbetracht unserer Erzählungen berichtet er von einem französischen »Aussteiger«, der hier kürzlich von Lyon zu Fuß kommend mittellos und patschnass vor der Tür gestanden hätte, weshalb er ihn ja schlecht hätte abweisen können. Aber »Kartoffeln gäbe es ja immer zu schälen«.

Etappe 10: *Hirtsteinbaude – Am Stößerfelsen*

Montag, 26. September 2011

ERZ (ex MAB, MEK)

Erzgebirgskreis (hier ehemals Landkreis Marienberg; ging 1994 zunächst im Mittleren Erzgebirgskreis auf und 2008 folgend im Erzgebirgskreis)

Sachsen

Die Strecke: *Hirtsteinbaude* (890 m) → *Neue Welt* → Reißigmühle → Reitzenhain (770 m) → Kühnhaide → *Grüner Graben* → *Schwarzwassertal* → *Kriegwald* → Rübenau → Lochmühle → *E3* → *Kleiner Steinbach* → *Am Stößerfelsen* (683 m).

Distanz: 27 km (Anstiege 690 m, Abstiege 850 m)

Höhe über NN: Höchster Punkt 890 m, tiefster Punkt 634 m

Unterwegs: 8:45 – 16:45 Uhr, 8 h

Gleich nach dem Aufstehen treten wir vor die Tür, um die rundum nebelschwadenschwere Landschaft zu betrachten; vor unseren Füßen die örtliche Attraktion aus Lavagestein, ein Basaltfächerfelsen. Um Acht gibt es Frühstück in der gemütlich hölzernen Pensionsgaststätte. Am Nachbartisch sitzt ein bärtiger überfreundlicher Motorradfahrer aus Göttingen. Der Wirt verabschiedet uns mit Händedruck. Ich wechsle auf Kartenblatt 3 der Erzgebirgskarten. Auf der heutigen Etappe erwarten uns nur wenige Anstiege, dafür Sonne. Ein Wiesenweg geleitet uns hinunter zur langgezogenen Landstraße und darüber hinweg. Am Bushaltestellenschild steht *Neue Welt*; das graue Haus dahinter verkündet das Gegenteil. Wir passieren Reißigmühle. Die steinernen Mühlsteine der alten Amtsmühle aus dem 17. bis 19. Jahrhundert zieren den Wegesrand. Langgezogene Wiesen eines breiten Bachtals der *Schwarzen Pockau* sowie unbewaldete

Basaltfächerfelsen

Morgendlicher Blick vom *Hirtstein*

Nebelschwadenschweres Erzgebirge

Auf in den Tag

Neue Welt

Freiflächen erstrecken sich im deutsch-tschechischen Grenzgebiet. Zwei quasi identische Trabbis mit Sportstreifen in drei voneinander abgesetzten Blautönen stehen hintereinander vor einem Haus. Der Bäcker in Reitzenhain hat geschlossen. Birkenwäldchen mit schmalen märchenhaften Pfaden bringen uns nach Kühnhaide. Wir wandern durch Hochmoor und dürres Gras. Birken wechseln sich mit Vogelbeeren ab und gehen in Kiefernwald über. Gegen 11:30 Uhr kochen wir auf einer Bank Kaffee und Suppe. Die Füße strecken wir in der Sonne aus. Später wandern wir am *Grünen Graben* entlang durch das idyllische *Schwarzwassertal*. Der Graben versorgte um 1680 den Bergbau im heute etwa 2000 Einwohner zählenden Ort Pobershau mit Wasser. Inmitten der vom Kunstgraben und von Wald umschlossenen Sumpfwiesen schlängelt sich das kleine Flüsschen *Schwarze Pockau* durch die Landschaft. Gewässer mit dem Namen *Schwarzwasser* haben wir inzwischen viele gesichtet und gelernt, dass dem Namen nach das Wasser aus Hochmooren stammt.

Wir gelangen an eine Straße. Die *Schwarzwassertal*-Gaststätte ist gut besucht, darunter eine große Wandergruppe.

„Das sind richtige Wanderer, ein Tscheche und ein Deutscher", hören wir sie murmeln.

Alle Plätze sind belegt, bis auf eine etwas abseits stehende

Reißigmühle

Trabbis mit Sportstreifen

![Die Grenze gesäumt von weiten grünen Wiesen und der sich darin windenden Schwarzen Pockau]

Die Grenze gesäumt von weiten grünen Wiesen und der sich darin windenden *Schwarzen Pockau*

Zwischen Reitzenhain und Kühnhaide; Birkenwäldchen, Nadelwald und freie Grasflächen wechseln sich ab.

Bierzeltgarnitur. Ich frage, ob wir uns dort hinsetzen dürften. Das passt. Allerdings passiert nichts. Nach einer Weile gehe ich nach drinnen und bestelle unser Bier eigenhändig. Jetzt geht alles ganz schnell. Wir trinken *Wernesgrüner*. Wieder passiert nichts. Ich bringe die Gläser zurück und zahle passend, je zwei vierzig. Sparetappe.

Wir brechen auf, wandern auf breiten Wegen durch den *Kriegwald* und gelangen an eine Straße. Zwischen zwei Häusern hindurch führt uns ein Wiesenweg über Felder. Rechts oben muss ein Flugplatz sein, vermutlich tschechisch, denn ständig knattern und blubbern gelbe Propellermaschinen älteren Baujahrs in die Lüfte, drehen eine Runde und setzen wieder zur Landung an. Unten auf der Freifläche liegt der Tausendseelenort Rübenau. Wir sparen uns die mühselige und lange Umgehung, die der *Kammweg* vorgibt und wählen den Weg durch die Ortschaft. *Lebensmittel* steht ganz groß auf einem Schild und scheint auf einen Hinterhof zu deuten. Der Laden wirkt auf uns eher wie eine Industriehalle. Wir lassen ihn links liegen. Bäcker, Schlachter und was wir sonst noch so in der Ortsmitte finden, haben allesamt geschlossen. Das große Haus, auf dem *Einkaufszentrum* gemalt steht, scheint leer zu stehen. Die Wasserhähne auf dem kleinen Friedhof tragen ein Schildchen *kein Trinkwasser*. Also frage ich eine Frau im Garten nach der Lage. Sie erzählt mir, dass der erste Laden offen gehabt hätte, sonst wäre montags alles geschlossen. Ich frage nach Leitungswasser.

„Ja ich gebe Ihnen was!" Aber das Leitungswasser wäre Brunnenwasser, das würde sie zwar selbst auch verwenden, aber sie würde es niemandem mitgeben wollen. Sie gibt mir zwei große PET Flaschen Wasser, die ich mir abfüllen darf. Mein Geld dafür möchte sie nicht haben. Sie erzählt mir noch ein wenig; dass sie inzwischen auch Abwassergebühren zahlen müsse, obwohl sie nichts einleiten. Das Abwasser käme aufs Feld. Die vollbio-

Grüner Graben

Ohrenbetäubendes Geknatter

Rübenau umringt von Wald und Flur

Heilig-Geist-Kirche Rübenau

Einst war hier vermutlich mehr los.

logische Anlage müsse per Gesetz erst 2015 laufen. Unten im Ort gäbe es Anschluss ans Leitungsnetz, nur hier oben käme das wohl nie; zu teuer, die Häuser stünden zu weit voneinander entfernt. Ich bedanke mich.

Wir folgen weiter der kleinen Anwohnerstraße. Der Fernwanderweg *E3* bringt uns wieder auf den *Kammweg*, der von links oben hinzustößt. Der folgende Abstieg geleitet uns zu einem Wasserlauf. Von einem Gemäuer umfasst tritt das Nass zu Tage, legt ein paar Meter im Graben zurück, um dann gleich wieder durch den nächsten Torbogen im Fels zu verschwinden. Der Bergbau macht's möglich. Unten an der Straße steht ein schönes großes Haus, die *Lochmühle*. Es folgt ein steiniger schweißtreibender Aufstieg. Oben folgen wir erst noch dem *Kammweg*, dann aber dem großen Bogen der Waldstraße und somit wieder dem *E3*, der uns ebenerdig um die Talmulde herumführt, die der *Kammweg* natürlich mitnimmt. Der Weg schlängelt sich durch den Wald.

E3, Kammweg Erzgebirge-Vogtland und *Wanderweg der deutschen Einheit* laufen hier schon länger überwiegend parallel. Alle Fernwege haben die gleiche Kennzeichnung: Weiß-blau-weiße Balken übereinander. *Kammweg* und *E3* haben zusätzlich noch *KAMM* bzw. *E3* auf dem mittleren (blauen) Balken stehen.

Dort, wo *Kammweg* und *E3* wieder deckungsgleich sind, rasten wir erschöpft auf einer Bank. Diese Sonnenetappe, bisher so abwechslungsreich und entspannend endet wieder anstrengend. So ist es eben immer abends, wenn es um die Suche nach der Unterkunft geht. Das Wasserproblem haben wir schon in Rübenau gelöst. Der eigentlich unermessliche Wert von Wasser wird einem erst bei solcherlei Unternehmung klar, eben dort, wo man nicht ständig einen Wasserhahn parat hat.

Nun haben wir den *Stößerfelsen* als Etappenziel auserkoren und hoffen auf die in der Karte verzeichnete Schutzhütte. Hier, etwas mehr als zwei Kilometer vor Ende, ist nun aber vorerst Schluss. Brausepause! Energie muss ran. Je eine halbe Tafel Schokolade und ein paar Butterkekse erwecken unsere Gemüter zu neuem Leben. Als wir den Felsen später erreichen, blicken wir vom Geländer tief ins Tal; unten ein rauschender Fluss und die Tschechische Republik, ringsum nichts als Wald. Perfekt. Die Schutzhütte entpuppt sich zwar als geräumige überdachte Bank, aber damit kann Mario leben. Ich habe ja eh mein Sekundenzelt und für's Abendbrot ist es sehr bequem hier am Tisch. Mario spannt sich zum Weg hin eine Plane ab. Zur anderen Seite zieht sich der Wald ganz leicht den Hang hinauf. Das Nachtlager steht. Wir kochen noch schnell eine Suppe und um 19 Uhr dunkelt es mächtig. Sobald die Sonne weg ist, geht alles ganz schnell. Grillen zirpen.

Feierabend

Etappe 11: *Am Stößerfelsen* – Neuhausen

Dienstag, 27. September 2011

ERZ → FG

Vom Erzgebirgskreis in den Landkreis Mittelsachsen (Freiberg)

Sachsen

Die Strecke: *Am Stößerfelsen* (683 m) → Rothenthal-Pföbe → Hochwasserschutzdeich → Grünthal (Olbernhau) → Oberneuschönberg (Olbernhau), *Bergkirche* → oberhalb von Oberneuschönberg → *Tiefer Graben* → Hirschberg → *Sachsenweg* → *Wettinweg* → Seiffen *Wettinhöhe* → Seiffen → *Schwartenbergweg* → *Schwartenberg* (787 m) → Neuhausen.

Distanz: 22 km (Anstiege 890 m, Abstiege 1015 m)

Höhe über NN: Höchster Punkt 787 m, tiefster Punkt 475 m

Unterwegs: 8:40 – 16:40 Uhr, 8 h

Sieben Uhr hoch. Mario ist natürlich schon auf. Zusammenpacken. Erst einen Kaffee, dann brechen wir um 8:40 Uhr auf. Nach der gestrigen weitgehend ebenen Etappe soll es heute wieder auf und ab gehen. Vom Aussichtspunkt *Stößerfelsen* am Fichtenwald gelegen, gelangen wir ziemlich schnell durch Buchenmischwald hinunter nach Olbernhau. Rothenthal-Pföbe bekommen wir nur am Rande mit. Nach Querung der Straße wandern wir entlang eines von hohem Gras bewachsenen flachen Hochwasserschutzdeichs. Die *Landestalsperrenverwaltung Sachsen* informiert auf ihrem Blechschild, dass Betreten und Befahren nach dem Sächsischen Wassergesetz verboten sind. Ein kleines Flüsschen begleitet uns bis nach Olbernhau-Grünthal. Vorbei an einer großen Schafherde passieren wir dann im niedlichen Örtchen mit gepflasterten Gassen die historische *Saigerhütte*.

Durch Buchenmischwald

Wie auf der Stange, *ding ding ding*

An der *Saigerhütte*

Bergkirche Oberneuschönberg

Blick auf Olbernhau

Im 16. Jahrhundert wurde hier ein spezielles Hüttenwesen zur Kupferverarbeitung errichtet. Unter anderem gewann man aus den Nebenbestandteilen im Rohkupfer Silber. Mit dem Grünthaler Kupfer wurden immerhin die Dächer der *Dresdner Frauenkirche*, des *Ulmer Münsters* und des Wiener *Stephansdoms* gedeckt. Die *Alte Faktorei* nebenan ist rundum mit den bekannten Erzgebirgsnussknackern und anderen Spielzeugfiguren bemalt, die uns darauf hinweisen, dass wir uns Seiffen deutlich nähern. An der Eisenbahn überqueren wir eine Brücke, befinden uns unbemerkt in Oberneuschönberg und steigen erst zur *Bergkirche*, dann einen langen Wiesenhang hinauf. Verschwitzt stehen wir oben am Waldrand, verschnaufen auf einer Bank und blicken nun auf Olbernhau herab, die etwas weniger als 10.000 Einwohner starke *Stadt der Sieben Täler*. Auf 450 m gelegen, wird sie von sieben- bis neunhundert Meter hohen Bergen umschlossen. Auf Olbernhauer Territorium ist der *Steinhübel* mit 817 m der höchste Berg. Er liegt südwestlich der Stadt – etwas nördlich unserer Route durch den *Kriegwald* bei Rübenau – und wird vom Bergmassiv auf tschechischer Seite deutlich überragt. In Fortführung der durch die *Saigerhütte* begründeten Metallindustrie, hatte sich Olbernhau mit den Kupfer- und Messingwerken sowie einem Blechwalzwerk zum wirtschaftlichen Zentrum des ehemaligen Landkreises Marienberg entwickelt.

Unten hatte es ziemlich gestunken. Von oben entdecken wir eine große Fabrik. Heute ist die Wirtschaft besonders durch

Spielzeugstadt Seiffen im Erzgebirge

Vom Kurort Seiffen hinauf auf den *Schwartenberg*

Blick vom *Schwartenberg* nach Westen

Holzverarbeitung gekennzeichnet, allerdings haben weiterhin auch die Metallverarbeitung zusammen mit Maschinen-, Stahlbau und Anderen ihren Anteil.

Wir marschieren durch den Wald. Der Bach *Am Tiefen Graben* bietet uns die Gelegenheit zur Morgenwäsche. In einem frischen Shirt geht es wieder abwärts. Ein Wiesenweg führt uns oberhalb von Oberneuschönberg entlang. Wieder im Wald stiefeln wir erst aufwärts, ein zunächst zerfahrenes, dann steiniges Wegesstück hinab. Während wir den groben Wegen folgen, flüchtet ein kleines schwarzes Eichhörnchen mit weißem Bauch auf einen Baum. Unten gelangen wir an die Straße. Mario flucht über die Wegführung. Einfach an der Straße entlang wäre vielleicht doch besser gewesen. Aber wenn man dann Straße geht, passt ihm der Asphalt auch wieder nicht. Was will man machen? Den *Kammweg* mit seinen sinnlosen Ortsumgehungen kennen wir inzwischen allemal. Was für Einzeltageswanderungen ganz schön sein mag, kann auf Fernwanderungen äußerst lästig werden, möchte man doch auch ein wenig voran kommen. Wir sind ja hier nicht unterwegs um Orte zu umgehen, nur um auf tollen Waldwegen unterwegs zu sein, die dann auch noch überflüssigerweise hoch und runter führen, ohne dass man dadurch irgendetwas gewinnt.

An ein paar Häusern in Hirschberg vorbei, wandern wir den *Sachsenweg* hinauf. Ich verschnaufe kurz in der Sonne, Mario will keine Sonne und marschiert schonmal bis zum Waldrand vor. Als ich ihn einhole, gibt es einen Rest Schokolade für Jeden. An einigen Kühen vorbei treffen wir im Wald auf eine Schulklasse. Es wird gegrillt: „So, aber schön hinsetzen zum Essen", hören wir. Auf dem *Wettinweg* geht es bergan. Erst kommt uns ein Mann ohne Helm auf einer alten *Simson* entgegen geknattert, dann begegnen wir ein paar Wanderern mit mittelgroßem Gepäck. Am Bergrücken erreichen wir mit der *Wettinhöhe* den Waldrand. Unterhalb liegt Seiffen, links oberhalb bereits gut zu

In nördlicher Richtung hinunter nach Neuhausen

Schloss Purschenstein und ...

Kirche in Neuhausen

Einst waren einfache Güter von großem Belang.

Krämerladen in Neuhausen, wie früher...

erkennen der *Schwartenberg*. Wir wählen den direkten Weg, geradeaus in die Stadt. Der *Kammweg* verlässt uns nach rechts und schlägt nochmal drei statt einem Kilometer ein. Über den steilen Asphalt gelangen wir unten auf den *Seiffener Hof*. Einkehr!

Wir sitzen draußen vor dem Hotel und trinken *Freiberger*. Mario bestellt Matjes, ich ein Schweinekammsteak mit einem Berg gebratener Zwiebeln und Bratkartoffeln. Nach der Stärkung verlieren wir uns im Zentrum von Seiffen. Ich kaufe ein paar kleine Andenken und Mitbringsel aus der Spielzeugstadt. Beim Bäcker erwerbe ich ein Brot und eine Mohnschnecke auf die Hand. Im Getränkemarkt fülle ich meine Flaschen mit Mineralwasser auf und beim Schlachter gibt es noch eine harte Wurst dazu. Alles reiht sich an der Hauptstraße auf, sodass ich ärgerlicherweise ganz vergesse, mir die bekannte achteckige *Bergkirche Seiffen* im Original anzusehen, die doch in so vielen Lichterbögen und anderer Erzgebirgskunst nachgebildet ist. Ich erreiche Mario mobil. Er ist bereits vorneweg gestratzt, hat die Kirche gesehen, ihr allerdings keine sonderliche Beachtung geschenkt. Wir verabreden uns auf dem *Schwartenberg*. Über meinem Kopf grummelt es am Himmel. An Gänsen vorbei gelange ich, den Kurort Seiffen im Rücken, auf die freien Wiesen hinaus und folge dem Aufstieg zwischen Vogelbeeren hindurch auf den Berg. Irgendwie genieße ich es richtig, einfach mal ganz alleine meines Weges zu gehen. Von der auf 650 m gelegenen 2000-Einwohner-Stadt steige ich nun hinauf zum Gipfelkreuz, das auf 787 m Höhe neben der Gaststätte auf einem Felsen prangt. Bei der Rundumsicht fällt mein Blick auf Neuhausen.

Den Abstieg bestreiten Mario und ich wieder gemeinsam, dennoch stratze ich vorweg. Vom nicht bewaldeten Bergrücken blicken wir in die Ferne und treffen eine Gruppe Wanderer, mit denen wir einen kurzen Plausch abhalten und uns über unser Kartenmaterial austauschen. Die *Talsperre Rauschenbach* sei nicht zu empfehlen, da man nicht direkt daran entlang wandern könne, lernen wir. Vom *Schwartenberg* aus habe ich sie in nordöstlicher Richtung im leichten Dunst erblickt. Das Gewitter, was sich grummelnd angekündigt hatte, ist inzwischen unverrichteter Dinge vorbei gezogen. Seit dem Starkregen am ersten Sonntag haben wir durchweg trockenes Wetter erlebt. Am steilen Wiesenhang steigen wir hinunter in die 3000 Einwohner zählende Gemeinde Neuhausen.

Wir befinden uns auf der *Alten Salzstraße*. Einst entstand Neuhausen in Zusammenhang mit einem alten Fernhandelsweg. Der *Alte böhmische Steig*, der damals die Leipziger Gegend mit Prag verband, führte hier um 1200 zur Errichtung einer Zoll- und Geleitburg. Das *Schloss Purschenstein* fiel mir schon auf dem Abstieg vom *Schwartenberg* ins Auge, thront es doch heute noch über Neuhausen. Aufgrund des Salzhandels mit Böhmen setzte sich – für den zwischenzeitlich auch als Heeresstraße verwendeten Weg – schließlich der Name *Salzstraße* durch.

Die erste Bäckerei gegenüber der großen grauen steinernen Kirche ist auch eine Pension. Allerdings haben sie für uns kein Zimmer für eine Nacht. Wir streifen durch den Ort. Der kleine Krämerladen hat nicht, was ich brauche, aber der Drogeriediscounter versorgt mich mit Keksen, Schokolade und Müsliriegeln. Mario belächelt mich, wären wir doch eh bald am Ziel. Warum noch einkaufen?

Am Schloss vorbei gelangen wir zum *Landhotel Grünes Gericht*, das im Nebenhaus ein Doppelzimmer mit zwei Einzelbetten für uns parat hat. Nach der Dusche sitzen wir in der Gaststube zusammen und essen je eine kalte Platte mit Wurst der Region und Brot. Sülze heißt hier *Saukopp*. Wir trinken *Rechenberger*. Nach Rechenberg-Bienenmühle wird uns unser Weg morgen führen.

Bei der Brotzeit ist *der Klare* inklusive, es ist *Nordhäuser Doppel-korn*. Wir wollen aber regional probieren und testen also auch den *Grünen*. Der *Lauterbacher Tropfen* schmeckt laut der Dame am Nachbartisch wie Latschenkiefer-Fußeinreibung. Wir müssen ihr Recht geben. Auch der *Ebereschengeist* schmeckt so holzig wie der Baum. Die regionalen Spirituosen überzeugen uns nicht, die *Williamsbirne* hingegen schon eher. Somit bereinigen wir die Unstimmigkeiten der letzten Tage.

Etappe 12: Neuhausen – *Hirschbachtal*

Mittwoch, 28. September 2011

FG

Landkreis Mittelsachsen (Freiberg)

Sachsen

Die Strecke: Neuhausen → *Alte Salzstraße* → *Alte Poststraße* → *Kreuztanne* → Clausnitz → Waldeck → Rechenberg-Bienenmühle → *Alte Landstraße* → Holzhau → *Steinbruchweg* → *Steinkuppe* (805 m) → *Teichhaus* → kleiner Grenzverkehr CZ → den *Hirschbach* aufwärts → Querung *Alter Bahndamm* → Hirschbach.

Distanz: 22 km (Anstiege 930 m, Abstiege 760 m)

Höhe über NN: Höchster Punkt 805 m, tiefster Punkt 540 m

Unterwegs: 9:00 – 16:00 Uhr, 7 h

Heute schlafen wir etwas länger und erfreuen uns am reichhaltigen Frühstücksbuffet. Um neun Uhr wandern wir die *Alte Salzstraße* hinauf, passieren Haselnüsse und Birken, bevor wir oben durch den Wald und über die Straße gelangen, die von Neuhausen nach Sayda führt. Breite Forstwege folgen. Die *Alte*

Kurz vor Rechenberg-Bienenmühle

Rechenberg-Bienenmühle

Mittagstisch

Moldava

Hirschbach

Poststraße bringt uns bis zum großen Waldhotel *Kreuztanne*. Auf der angrenzenden Wiese stehen zahlreiche kleine Fichten, jede wurde zu einer Hochzeit gepflanzt und trägt ein Schild mit Namen des Brautpaars. Abgesehen von den vielen Vogelbeeren, die die Gegend prägen, ist der Wegesrand heute auch geziert von Lärchen. Weite Wiesen, Felder und Hügellandschaft wechseln sich mit Mischwald ab. Zwischendurch dominiert auch mal wieder die reine Fichte, aber dann knacken die Bucheckern des bunten Buchenwalds unter unseren Stiefeln.

In Clausnitz überqueren wir die Kreisstraße und passieren anschließend diverse Pferdekoppeln. Ein Pferd nickt uns zu, als wolle es grüßen. Über Waldeck gelangen wir nach Rechenberg-Bienenmühle; dort wo das Bier herkommt, das wir gestern abend getrunken haben. Die Ortschaft erstreckt sich im Tal. Erst wandern wir oberhalb an den Hangwiesen entlang und steigen dann in den Ort hinab. Die Kirche steht am gegenüber liegenden Hang oberhalb eines Felsens und sticht durch ihren spitzen steinernen Turm hervor. Ein Schild *Mittagstisch* lädt uns in die Gaststätte *Am Trostgrund* ein. Vermutlich ist es die letzte kleine Dorfgaststätte. Die kugelige ältere Wirtin serviert uns ein Bauernfrühstück, obwohl sie der Auffassung ist, eine ordentliche Haxe würde uns besser stärken. Doch dann würden wir uns mit prallem Bauch auf die Wiese fleetzen, statt weiter zu stratzen. Wir trinken *Rechenberger* und zum Nachtisch gibt es Quarkkuchen, angekündigt als Erdbeerkuchen, der sich dann eher als Pfirsich entpuppt. In der Gaststätte zeigt uns die Wirtin das Modell eines großen ehemaligen *FDGB-Erholungsheims,* vollständig intakt und sogar beleuchtet. Sie hat es gerettet. Der Gebäudekomplex an der nahegelegenen *Rauschenbachtalsperre* soll heute eine Klinik beherbergen. Die ehemalige Besitzerin wollte das Modell wohl entsorgen, »DDR-Müll«. Nun ist es aber gerettet. *Kreuztanne,* das wir passiert haben – so lernen wir – sei heute in holländischer Hand.

„Wie im Harz", sage ich.

„Die kaufen hier alles auf", entgegnet sie. Der Ort veraltet. „Wenn Sie in zehn Jahren nochmal vorbei kommen, steht hier vielleicht ein Schild, dass hier mal eine Gaststätte gestanden hat." Es käme kaum noch jemand vorbei. Der eine Stammtisch ist verstorben, der Andere abgewandert in den Westen. Den anderen Kneipen im benachbarten Holzhau ginge es durch den Skisport etwas besser. Aber in Skistiefeln käme niemand nach Rechenberg-Bienenmühle herüber. Die Toilette entriegelt sie uns schließlich per Schalter vom Tresen aus, Trick Siebzehn.

Etwa 2000 Einwohner zählt die auf 600 m liegende Gemeinde heute. Bereits 1925 hatten sich die zwei Ortsteile zusammengeschlossen, die den Namen bilden. Seit 1994 gehören auch Clausnitz und Holzhau dazu. Braurecht erlangte Rechenberg im Jahr 1558. Im 16. Jahrhundert Rittergutsbrauerei, wurde sie später Kammergutsbrauerei mit Besitz durch die Kurfürstliche Kammer Dresden. Im 19. Jahrhundert verkaufte der sächsische Staat die Brauerei an das nur wenige Kilometer nördlich von Rechenberg-Bienenmühle liegende Nassau (Frauenstein). Der Besitz wechselte dann in private Hand. Nach Zwangsversteigerung während der DDR-Zeit und Reprivatisierung 1990, wurde die Brauerei 1991 vollständig neu errichtet. Die restaurierte historische Brauerei beheimatet heute das Sächsische Braumuseum.

Die *Alte Landstraße* führt uns aus dem Ort heraus. Das Postauto, das wir sehen, trägt Leipziger Kennzeichen *L*, nicht mehr *Z* für Zwickau, wie zuvor am Weg. Im Wald gelangen wir über den Berg nach Holzhau. Durch den kleinen Ort, vorbei an der großen Gaststätte *Fischerbaude*, geht es dann den *Steinbruchweg* entlang und hinauf auf die vulkanische *Steinkuppe*. Auf 805 m machen wir kurz Pause am Gipfelbuch, in das wir uns eintragen. Viel zu sehen, gibt es allerdings nicht. Der anschließende Abstieg führt uns durch den Wald zum *Teichhaus*. Schon stehen wir am *kleinen*

Grenzverkehr zur Tschechischen Republik. Der schmale Radweg geleitet uns auf deutscher Seite flussaufwärts durch das idyllische *Hirschbachtal*. Gegenüber erblicken wir das böhmische Moldava. Dann versperrt uns ein Berg die Sicht. Erst queren wir noch den *Alten Bahndamm* und treffen später auf eine überdachte Bank am Flüsschen. Wir lassen den Tag ausklingen und entschließen uns zu bleiben, Wasser zum Kochen gibt es hier ja reichlich.

Etappe 13: *Hirschbachtal* – Altenberg

Donnerstag, 29. September 2011

PIR → CZ → PIR

Durch den Kreis Sächsische Schweiz-Osterzgebirge (Pirna) mit einem kurzen Abstecher nach CZ, Ústecky kraj (Region Ústi)

Sachsen

Die Strecke: Hirschbach → Hermsdorf-Rehefeld (*Skibahnhof*, ehem. Bhf. jetzt Hotel) → *Alter Bahndamm* → Neurehefeld → Grenzübergang CZ Moldava → *Kreuzweg* → *Buchenweg* → Rehefeld-Zaunhaus → *Georgenfelder Hochmoor* → *Alter Zaunhäuser Weg* → Altenberg/Osterzgebirge.

Distanz: 13,5 km (Anstiege 530 m, Abstiege 430 m)

Höhe über NN: Höchster Punkt 877 m, tiefster Punkt 644 m

Unterwegs: 9:00 – 12:45 Uhr, 3 h 45 min

Mit 4 °C beginnt der Morgen etwas zu kalt für ein Bad im *Hirschbach*. Nach dem Kaffee und Packen beschränken wir uns auf Kopfwäsche und Zähneputzen. Der Marsch beginnt um Neun und führt uns auf dem befestigten Radweg weiter durch das idyllische Bachtal. Die Sonne scheint, sodass wir uns schon nach einer halben Stunde unserer langen Hemden entledigen können. Ein Shirt reicht, genau wie an den Tagen zuvor. Wir passieren den ehemaligen Bahnhof Hermsdorf-Rehefeld, der jetzt das Hotel *Skibahnhof* beheimatet. Der planmäßige Bahnverkehr endete bereits 1972. Loipenschilder haben wir schon viele passiert. Hätte die Bude geöffnet, gäbe es sogar einen Stempel des Fernwanderweges *EB*. Das wäre was für Mario gewesen. Stattdessen führt uns der nunmehr grasbewachsene *Alte Bahndamm* weiter ostwärts. Den groben Bahnschotter können wir trotz alledem noch unter den Füßen spüren. Bei Erreichen der Ortschaft Neurehefeld stelle ich fest, dass wir die Kreisgrenze überschritten haben. Die Autos tragen nun die Buchstaben *PIR* für Pirna, Verwaltungssitz des *Kreises Sächsische Schweiz-Osterzgebirge*. Rechter Hand liegt diesmal eine belebte Grenze nach Tschechien. Wir wechseln kurz rüber nach Moldava. Beim Vietnamesen können wir uns mit Mineralwasser aus der Region Karlsbad eindecken. Mario kauft zudem *Mattoni-* Grapefruitbrause, ich eine kleine Flasche Pflaumenbrand. Die letzte Flasche Birnenbrand aus Potůčky von derselben Marke hatte uns überzeugt. Zahlen kann ich in Euro. Man will mich dabei zwar übers Ohr hauen; das klappt aber nicht.

Wieder in Sachsen geht es erst auf dem *Kreuzweg*, dann auf dem *Buchenweg* überwiegend breit ausgebaut durch den Wald weiter bis nach Rehefeld-Zaunhaus. Wir gelangen hinunter in den Ort und folgen dann dem Bach wieder aufwärts. Nach einigen Anstiegen beschließen wir, die hiesigen Ortsumgehungsschnörkel nicht mehr mitzumachen. Auf einer kleinen Betonplattform, die einen an den Rändern von hohem Gras bewachsenen, seicht dahinplätschernden Bach überbrückt, strecken wir uns in der Sonne aus. Eine Brotzeit mit Seiffener Wurst steht an. Die Pflaume schmeckt. Wir verlassen also den *Kammweg*, folgen nach Karte einem kleinen Grasstichweg aufwärts zur nächsten breiten Waldstraße. Asphaltierte Wege führen uns ziemlich geradewegs über das *Georgenfelder Hochmoor* hinweg. Der *Alte Zaunhäuser Weg*

spurt   (MT)

Kurze Pause

unft

Altenberg/Osterzgebirge   (MT)

erreicht!   (MT)   (MT)

ist dann wieder etwas naturbelassener und geleitet uns hinunter in die Stadt Altenberg.

Auch Altenbergs Geschichte lässt sich auf den Erzbergbau zurückführen. Um 1440 wurden hiesige Erzvorkommen entdeckt. Die Lagerstätte erwies sich später als eines der bedeutendsten Zinnvorkommen Mitteleuropas. Die Stadt Altenberg entstand im Zuge dessen als Streusiedlung von Bergleuten. Der Bergbau kam letztlich auch erst spät, nämlich 1991 zum Erliegen. Der traurige Teil der Geschichte erzählt später, dass noch kurz nach Ende des zweiten Weltkriegs große Teile der Innenstadt durch Tiefflieger der Roten Armee zerstört worden waren. Sie flogen Angriffe auf flüchtende deutsche Truppen. Nach und nach wandelte sich der Ort schließlich durch Kurwesen und die heutige Wintersport-region zum Tourismus.

Viel früher als gedacht erreichen wir unser Ziel und verwerfen alle Pläne, uns nochmals eine Pension zu suchen. Ein kurzer Abstecher zum Ortseingangsschild ist für mich Pflichtprogramm. Am Bahnhof treffe ich dann wieder auf Mario, der schon vorgegangen ist. Nach einem gemeinsamen Abschlussfoto vor der Altenberg-Leinwand gegenüber dem Bahnhof schlüpfen wir dahinter schnell in unsere Zweitgarnitur, also die sauberen Klamotten, die wir höchstens abends in der Pension getragen haben und steigen dann in die Bahn.

Epilog

Um 13:19 Uhr fährt uns die *Sächsische Städtebahn* nach Heidenau. Mit sofortigem Anschluss bringt uns die S-Bahn nach Dresden. Am Imbiss im Hauptbahnhof trinken wir zu einem Brötchen unseren Abschiedsschoppen *Freiberger*. Dann heißt es Abschied nehmen. Über Leipzig und Halle (Saale) gelange ich zurück nach Goslar in meine zweite Heimat, den Harz. Um 19:55 Uhr wartet Nena schon am Bahnsteig und nimmt den nun etwas schmächtig wirkenden Wanderer in die Arme. In der Tat habe ich wohl zwei Kilo verloren.

Vom Harz über den Thüringer Wald...

Durchs Vogtland und über das Erzgebirge...

650 km habe ich seit Verlassen meiner damaligen Haustür 2008 in Clausthal-Zellerfeld zu Fuß zurückgelegt und bin nun in Altenberg, 40 km südlich von Dresden an der Grenze zur Tschechischen Republik angekommen. Irgendwie kann hier nicht das Ende sein, das ist klar. Immerhin, 2011 gelingt es mir, 630 km im Kalenderjahr zu erwandern. Die Talsohle ist durchschritten und es geht wieder aufwärts. Wie wird das Abenteuer weitergehen? Weiter bergan, und ostwärts, das steht fest!

Eine Fernwanderung – www.fernwanderung.eu

• Vom Harz über
den Thüringer Wald,
Eine Fernwanderung - Teil 1,
2009, BoD Norderstedt,
ISBN 978-3-8391-0867-3.

• Durchs Vogtland und über
das Erzgebirge,
Eine Fernwanderung - Teil 2,
2013, BoD Norderstedt,
ISBN 978-3-7322-5040-0.

FORTSETZUNG FOLGT...

Durch die Sächsisch-Böhmische Schweiz
und über das Riesengebirge

Florian Genrich
Wandern auf dem Kaiserweg Harz
Harzwandern 1: *Eine Harzquerung*

Von der Kaiserpfalz Goslar
zur Königspfalz Tilleda: Drei Tage
unterwegs auf über 110 Kilometern der
*Wege deutscher Kaiser und Könige
des Mittelalters im Harz.*

Kennen Sie auch den Harz?

● Wandern auf dem Kaiserweg Harz,
Harzwandern 1: *Eine Harzquerung,*
2007, BoD Norderstedt,
ISBN 978-3-8370-4695-3.

Florian Genrich
Der Harz zu Fuß
Harzwandern 2: *Die Tagestouren*

Gewandert wird rund ums Jahr,
bei Tag und bei Nacht;
und das bei jedem Wetter,
ganz gleich ob Sonne, Regen oder Schnee!

● Der Harz zu Fuß,
Harzwandern 2: *Die Tagestouren,*
2008, BoD Norderstedt,
ISBN 978-3-8370-5790-4.

Wandern im Harz

Der offizielle Wanderführer
des Harzklubs

Wanderkarte
mit den Routen

Höhenprofile und GPS-
Tracks zum Download

● Wandern im Harz,
*Der offizielle Wanderführer des
Harzklubs,* **2009**, **2012**,
Schmidt-Buch-Verlag Wernigerode,
ISBN 978-3-936185-58-4.